L'ABBÉ DE PRÉVILLE

ET

LES ŒUVRES DE JEUNESSE

M. l'abbé de Préville

ET

LES ŒUVRES DE JEUNESSE

PAR

l'abbé E. OCCRE

CURÉ-DOYEN DE LENS
CHANOINE HONORAIRE D'ARRAS

NOUVELLE ÉDITION REVUE ET AUGMENTÉE

LIBRAIRIE EMMANUEL VITTE

LYON
3, place Bellecour, 3

PARIS
14, rue de l'Abbaye, 14

1909

Arras, le 15 octobre 1908.

CHER MONSIEUR LE DOYEN,

Le 2 avril 1896, à l'imprimatur que vous m'aviez demandé pour votre livre intitulé « Un Père de Jeunesse », j'étais heureux de joindre quelques lignes consacrées à ce remarquable travail, par un des directeurs du Grand Séminaire qui avait bien voulu se charger d'en faire l'examen. « Son appréciation, vous disais-je alors, me dispensera de féliciter l'auteur et de recommander le livre. » Il me paraît utile de remettre ces lignes sous les yeux de vos lecteurs :

« Les Serviteurs de Dieu ne sont pas seulement le riche patrimoine du Monde catholique et la plus pure gloire de l'Eglise ; leur vie est, par surcroît, comme un livre grand ouvert, où l'on ne saurait jeter les yeux sans voir plus clairement dans sa propre conscience et sans se sentir soi-même animé à mieux faire. Plus précieuse encore est cette influence, quand ils ont compris

les besoins spéciaux de leur temps et qu'ils y ont remédié efficacement.

« C'est donc produire une œuvre utile et toute actuelle que de perpétuer, dans une biographie le souvenir lumineux et fortifiant de cet homme de bien qui fut M. de Préville.

« Dans ces pages consacrées à sa mémoire, se déroule un très attrayant récit où sont habilement mis en œuvre son journal intime et sa volumineuse correspondance, tous documents de premier ordre. Aussi la physionomie de cette grande âme, faite de foi vive et d'abnégation, de bonté, d'intelligente charité et d'aimable condescendance, s'y accuse trait par trait, et s'y reflète avec une saisissante fidélité. »

Au livre dont l'éloge était ainsi tracé, cher Monsieur le Doyen, vous avez voulu, dans cette nouvelle édition, donner son véritable titre :
« Monsieur de Préville et les Œuvres de Jeunesse. »

De plus, vous l'avez fait précéder d'une introduction importante où, montrant la nécessité pressante des Œuvres de Jeunesse, vous établissez que M. de Préville semble avoir été suscité de Dieu pour être un maître dans cette science nouvelle des Œuvres post-scolaires dont il ré-

sume la méthode en deux mots : la Piété et la Communion fréquente.

Enfin, dans un douzième chapitre dont votre livre s'est enrichi, M. de Préville nous apparaît conduisant, avec de très spéciales aptitudes, une retraite de jeunes gens. Les directeurs d'Œuvres y trouveront en abondance des détails pratiques éminemment précieux, et il leur sera facile de se convaincre que les retraites seront toujours leur plus puissant moyen d'action auprès des jeunes âmes qui leur sont chères.

« En somme — et c'est, de plus en plus, la conclusion de votre examinateur, après lecture des choses nouvelles de cette édition, — en somme, voici un beau et bon livre que liront avec intérêt, édification et profit, les hommes d'Œuvres, les prêtres et toutes les âmes pieuses. »

Avec tous mes vœux pour le succès de ce « beau et bon livre », et pour le bien que vous en attendez, recevez, je vous prie, cher Monsieur le Doyen, l'assurance de mes sentiments respecteux et dévoués en Notre-Seigneur.

Z. Liénard,
Vicaire général.

LETTRE DU SUPÉRIEUR GÉNÉRAL

des Frères de Saint-Vincent-de-Paul

à l'occasion de la première édition

———

Cher Monsieur le Curé,

J'accomplis un devoir de reconnaissance bien doux à mon cœur, en vous remerciant, au nom de notre famille religieuse et au mien, d'avoir fait revivre à nos yeux l'apostolique figure de notre très aimé et regretté frère de Préville.

Les relations intimes qu'il entretenait avec la plupart d'entre nous, bien des années avant de se donner à notre Congrégation, la connaissance plus complète que nous avons acquise de ses vertus pendant le temps trop court où nous l'avons eu pour frère, nous faisaient vivement désirer que le souvenir de cette âme si ardemment dévouée à Dieu et aux pauvres fût perpétué par un de ceux qui l'avaient le mieux connu et aimé.

La lecture de ces pages sera, j'en ai la confiance, un encouragement et une lumière pour les âmes qui se sont consacrées à l'éducation chrétienne de la jeunesse et à l'évangélisation des pauvres.

Pour moi, qui m'étais plu à faire participer, dans la plus large mesure, notre Congrégation aux fruits de son expérience et de ses vertus, je retrouve avec bonheur, dans votre livre, la physionomie si personnelle et si modeste, tout ensemble, de ce prêtre éminent qui fut, dans la force des termes, un bon et saint religieux, un véritable ami des pauvres, et sur lequel je me plaisais à me reposer, d'une part, du fardeau si lourd du gouvernement des Communautés et des Œuvres.

Puissent ces pages, toutes remplies de l'esprit apostolique dont notre siècle a besoin, éveiller dans d'autres âmes cette flamme du zèle que le Divin Maître est venu lui-même apporter sur la terre.

Puissent-elles contribuer à augmenter dans les œuvres ouvrières la foi aux moyens surnaturels et l'amour de la piété, sans laquelle elles ne sauraient produire tous leurs fruits.

C'est, j'en suis convaincu, cher Monsieur le Curé, votre plus ardent désir comme ce serait, pour notre douleur, la meilleure des consolations.

Veuillez agréer, avec toute ma gratitude, l'ex-

pression de mes sentiments les plus affectueuse-
ment dévoués en Notre-Seigneur.

A. Leclerc.

Supérieur général des Frères
de Saint-Vincent-de-Paul.

Paris, 2 juillet 1896,
en la fête de la Visitation de la Très Sainte Vierge.

AVANT-PROPOS

DE LA PREMIÈRE ÉDITION

Les amis de M. de Préville, ses frères en religion, ses nombreux enfants, parvenus aujourd'hui à l'âge d'homme, ont pensé, non sans raison, que cette apostolique figure ne devait pas disparaître tout entière.

Certes, jamais, nous ne nous serions attribué la tâche de travailler à la faire revivre, si des circonstances particulières, devant lesquelles nous n'avons pu nous dérober, ne nous avaient imposé, comme un véritable devoir, de tenter, au moins, une imparfaite ébauche.

Nous devons dire, pourtant, qu'à défaut de talent, nous avons mis, dans ce travail, toute l'affectueuse vénération que nous avions vouée à ce saint Prêtre, depuis le jour où il nous avait été donné de le connaître et de l'approcher.

Au surplus, c'est M. de Préville lui-même qui parle dans cette œuvre. Les nombreuses notes qu'il a laissées, ses sermons, une volumineuse correspondance, plusieurs rapports, tous ses écrits ont passé sous nos yeux ; à ces documents d'une valeur exceptionnelle, sont venus s'ajouter les témoignages de ses anciens collaborateurs, de ses novices, de ses parents et de ses amis ; il nous a suffi de les faire entrer dans notre récit, avec la certitude qu'ils parleraient mieux que nous.

En enfant soumis de l'Eglise, l'auteur déclare que les termes d'éloge ou de vénération, qui sont venus sous sa plume, n'ont qu'une valeur purement personnelle et humaine. (Décret d'Urbain VIII sur la canonisation et la béatification des Serviteurs de Dieu.)

INTRODUCTION

Si nous nous décidons à donner une nouvelle édition de la vie de M. l'abbé de Préville, ce n'est pas uniquement, ce n'est même pas tout d'abord parce que les premiers tirages de notre modeste travail sont épuisés.

Les Œuvres de Jeunesse attirent aujourd'hui l'attention sur elles d'une façon très consolante pour l'Eglise et pleine d'espérance pour notre pays. A côté de chaque presbytère de France et de presque toutes les écoles s'élève un patronage. Les prêtres et les laïques qui, il y a seulement dix ans, n'envisageaient pas la nécessité des « Œuvres », parce qu'ils n'en comprenaient sans doute pas l'importance, en sont devenus, à l'heure actuelle, les plus généreux bienfaiteurs et donc les plus fervents partisans.

Nos Seigneurs les Evêques, voyant dans ces institutions un principe de régénération certaine pour notre société si ébranlée, leur donnent des bénédictions, des encouragements, des directions que

l'on accueille partout avec une vraie reconnaissance, en raison de leur valeur et de leur autorité.
Dans un grand nombre de diocèses, un prêtre,
qui est souvent un des premiers dignitaires ecclésiastiques, est chargé de veiller sur elles, et il porte
le titre de « Directeur général des Œuvres ». Le
jour est prochain où ce protecteur attitré de nos
Œuvres de Jeunesse existera dans chaque diocèse de France.

Mais ce n'est pas assez de susciter, de répandre,
d'encourager ces œuvres aujourd'hui nécessaires.
Il importe sans doute davantage de les faire vivre
en les dirigeant comme il convient. Or, s'il est
assez facile d'ouvrir matériellement un patronage,
il est moins aisé de lui donner l'organisation, le
fonctionnement, la vie, sans lesquels tous les efforts
restent stériles. La science de la direction des Œuvres est une science qui s'acquiert par l'exercice et
peut-être plus encore par l'étude. Les dispositions
naturelles ne suffisent pas, encore qu'elles soient
une excellente préparation. C'est donc à l'expérience des maîtres — car il y a des maîtres en cette
matière si complexe des Œuvres de Jeunesse —
que nous devons recourir, sous peine de n'être jamais que des inhabiles dans ce genre d'apostolat.
M. l'abbé de Préville s'était formé lui-même à

l'école du « Serviteur de Dieu, Jean-Joseph Allemand (1), prêtre du diocèse de Marseille, premier
fondateur en France, au XIXe siècle, des œuvres
dites de la Jeunesse ». Après Dieu c'est à ce premier
Père de Jeunesse qu'il dut ce génie des œuvres
qu'il est facile d'admirer dans son fécond ministère.

Mais, à son tour, le disciple est devenu un véritable maître. Il a fait école. Nombreux sont les
prêtres et les apôtres laïques qui s'inspirent de ses
leçons et de son esprit. Et vraiment, il semble que
Dieu ait donné à M. l'abbé de Préville cette spéciale vocation des Œuvres de Jeunesse, à l'ex-
clusion de toute autre. C'est là seulement qu'il a
réussi et qu'il a véritablement donné sa mesure.
Ses principes pour la direction de la Jeunesse des
Collèges dont il s'occupa momentanément ne sont
pas indiscutables ; au contraire, les méthodes des-
quelles il s'inspira pour la vie des Patronages feront
toujours autorité dans le monde des œuvres.

En un mot, M. l'abbé de Préville fut un spécia-
liste. Et, chose remarquable, sa façon de concevoir

---

(1) *Le Directeur de la Jeunesse ou la Vie et l'esprit du Serviteur de Dieu, Jean-Joseph Allemand*, prêtre du diocèse de
Marseille, premier fondateur en France, au XIXe siècle, des
œuvres dites de la Jeunesse, par M. l'abbé Gaduel, chanoine
et vicaire général d'Orléans, 2me édition, librairie Lecoffre,
Paris.

et d'organiser les Patronages fut parfaite dès l'origine. Plus de trente ans se sont écoulés depuis la fondation de son œuvre appelée la maison de « Notre-Dame des Apprentis ». A cette époque les Œuvres de Jeunesse étaient peu nombreuses, et ceux qui les dirigeaient n'avaient pas à leur service les multiples ressources d'organisation d'aujourd'hui. On marchait comme à tâtons dans ces entreprises d'un genre tout nouveau. Les uns faisaient du Patronage une simple réunion dominicale d'enfants et de jeunes gens, les autres un véritable cercle catholique. Or, il faut que le Patronage soit, à la lettre, une maison d'éducation pour le peuple, une maison d'éducation de physionomie spéciale, avec ses exercices de piété et ses jeux, avec son enseignement social et ses organisations professionnelles, avec ses caisses d'épargne et son placement en apprentissage, avec sa bibliothèque, etc., etc. Nous retrouverons tous ces éléments de vie, tous ces principes de bien dans l'œuvre de M. l'abbé de Préville. On peut donc voir en lui un initiateur.

C'est pourquoi nous croyons être utile en donnant une plus grande extension à la connaissance de sa vie et de son œuvre. L'heure, que nous n'avons d'ailleurs pas choisie, nous paraît favorable. Puisque les Patronages surgissent nombreux dans notre pays, l'exemple et les conseils de M. l'abbé de Préville contribueront à les rendre plus prospères et à leur donner plus d'efficacité. Il nous sera, sans doute, permis de formuler également un autre vœu, celui de voir, sous l'impulsion d'un tel apôtre, se créer partout, nous voulons dire dans chaque paroisse, dans chaque agglomération ouvrière, une œuvre de Jeunesse pour les enfants du peuple. Le temps n'est peut-être pas éloigné, hélas ! où nos législateurs décréteront contre nous le monopole de l'enseignement. Si déjà les lois de 1882 sur la laïcisation des écoles commencèrent l'ère prospère des Patronages, parce que les catholiques français comprirent aussitôt qu'aux efforts des uns il fallait opposer les efforts réparateurs des autres, il est facile de voir quelle devra être notre attitude de demain, si nous avons à cœur la préservation et la formation chrétienne de la Jeunesse.

Et notre zèle devra être d'autant plus actif que c'est son ardeur même qui pousse nos adversaires à créer des œuvres post-scolaires, en opposition à nos Patronages. Plus notre activité sera féconde, parce qu'elle a pour principe Dieu lui-même, plus vite les autres initiatives, qui ne reposent habituellement que sur l'intérêt, se décourageront et mourront. Il faut que nous, catholiques, nous ayons non seulement le mérite d'être en cette matière des créateurs, des précurseurs, puisque nos adversaires ne font que démarquer nos œuvres, mais surtout que nous ayons des Patronages plus nombreux, plus importants, plus vivants que ceux de nos concurrents. Il y va du salut des âmes ; il y va de la Société elle-même.

Si l'enfant du peuple est enlevé à l'Eglise, que deviendra notre pays?

A l'heure actuelle, nous sommes plus forts que nos ennemis. C'est ce que reconnaissait récemment M. Edouard Petit, Inspecteur Général de l'Instruction publique dans son quatorzième rapport sur l'éducation populaire. Il nous est agréable de citer au long ce témoignage (1) :

« C'est sur les patronages, dit M. Petit, que « continue à se concentrer, en grande partie, l'effort des adversaires de l'école laïque.

« Ils ne se sont guère occupés qu'à Paris de « tenir des cours du soir, car l'organisation des « cours d'adultes par l'Etat ne laisse guère place « à la concurrence. Ils ont fait quelques essais de « mutualité scolaire, d'associations d'anciens élè-

(1) *Journal Officiel* du 2 juin 1908, pages 272-273.

« ves. Ils commencent à donner, dans les églises,
« des conférences avec projections pour illustrer
« des sujets religieux.

« Mais ils ont fait du Patronage leur forteresse,
« et avec ouvrages avancés. C'est leur œuvre de
« défense et de combat. C'est celle qui leur per-
« met, à moindres frais, avec le personnel le plus
« restreint, et dont le recrutement est le plus
« facile, d'attirer surtout la clientèle des écoles
« laïques, le dimanche, et, de préférence, le jeudi,
« après-midi.

« L'entente est étroite entre l'autorité ecclésias-
« tique et les hommes et femmes d'œuvres pour
« remplacer, de dessein arrêté, l'école libre par
« le patronage libre. Elle a été scellée en 1908, au
« lendemain de la séparation, de façon encore plus
« intime que par le passé dans les congrès diocé-
« sains : Poitiers (17-19 février), Lyon (10-12 mars)
« où l'on a résolu de donner comme tâche aux
« comités paroissiaux, composés de clercs et de
« laïques, la fondation d'œuvres post-scolaires,
« surtout des patronages, en les adaptant aux
« nécessités locales.

« Ni l'argent, ni les locaux, ni les dévouements
« ne font défaut.

« L'argent est fourni par des fidèles à la foi et

« aux convictions combatives, les locaux sont
« prêtés ou bien édifiés grâce à des dons, sous-
« criptions, émissions. Le personnel est fourni
« par des prêtres, des professeurs, des gens du
« monde qui se consacrent à l'enveloppement
« de l'école d'Etat avec une infatigable ardeur
« d'apostolat.

« Il n'est pas de quartier à Paris, pas de fau-
« bourg populeux dans les villes de province où
« ne s'élève une construction à usage de Patro-
« nage avec théâtre, bibliothèque, salle de cours et
« de conférences, souvent avec ouvroir ou bien
« atelier, qui dispute à la rue — mais surtout à
« l'école laïque, — une clientèle que l'on est loin
« d'élever selon les principes de neutralité dont
« l'application est réclamée à grand bruit des
« institutrices et des instituteurs officiels.

« La tactique est adroite, menée avec énergie
« et suite, et elle réussit.

« La commission centrale des patronages et
« œuvres de jeunesse de France nombre fièrement
« ses organisations qui sont très vivantes, riche-
« ment dotées, résolues à l'action. Elle a ses revues
« spéciales, son répertoire théâtral, ses collections
« de jeux, ses commissions sportives. Elle a partie
« liée avec la Fédération gymnastique des patro-

« nages de France qui compte vingt-cinq mille
« gymnastes catholiques.

« Dans le patronage, elle voit « un collège popu-
« laire » une « fabrique d'hommes, qui forme le
« corps par des institutions sportives, le cœur
« et la volonté par l'action, l'esprit par les cercles
« d'études, l'âme par la piété ». Le patronage, écrit
« l'abbé Labruyère, ne peut être comme un cou-
« vent où l'on s'abrite contre le danger, sans y
« chercher rien de plus... Il ne doit pas seulement
« conserver ; il doit préparer... Les « bons petits
« jeunes gens » ne nous suffisent plus ; il nous faut
« des hommes... des êtres forts, forts par un ca-
« ractère énergique, forts enfin par l'esprit d'apos-
« tolat et par l'habileté à communiquer aux autres,
« de façon instructive, agréable et entraînante,
« les idées qu'ils désirent voir triompher.

« Le Patronage doit avoir son groupe dramati-
« que ; il doit être une école de formation morale
« et religieuse et aussi de formation physique, so-
« ciale et professionnelle. Il aura à tâche de s'oc-
« cuper des intérêts matériels, d'établir des bu-
« reaux d'épargne, d'assistance, de mutualité, de
« placement : « Il y a enfin une troisième étape
« à franchir, et c'est la plus importante. Après
« avoir aidé nos patronnés dans le choix d'une

« carrière, après nous être préoccupés d'augmenter
« leur valeur professionnelle, nous devons, à l'heure
« présente, les faire pénétrer dans les groupements
« professionnels, dans les syndicats, parce que
« le groupement professionnel tient l'homme toute
« sa vie (1). »

« Sur ce type qui va chaque jour se précisant, les
« Patronages catholiques ne cessent de se fonder
« et, il faut en convenir, réussissent à attirer et à
« retenir l'enfance ouvrière qui fréquente aux
« écoles publiques.

« Sans doute, le jeudi — qui est le jour redouté
« des pères, des mères de famille enfermés à l'ate-
« lier — les parents qui confient leurs enfants aux
« écoles laïques seraient désireux de se conformer
« à leur idéal politique et de diriger leurs filles,
« leurs fils vers les patronages laïques même les
« plus pauvres, moins parés et reluisants.

« Mais, dans combien de villes encore, surtout
« dans le Midi, dans l'Ouest, ils n'ont pas le choix!
« Entre la rue et la maison d'œuvres qui offre
« d'être éducatrice et qui fait briller l'étalage de

(1) Cf. Pour la vie et l'organisation intérieure des Patronages confessionnels : *L'Education populaire, et au Sortir de
l'école*, par Max Turmann (2 vol. in-18 : 3 fr. 50 : Victor
Lecoffre, éd.). — Pour l'organisation des Patronages laïques :
Autour de l'Education populaire, par Edouard Petit (1 vol in-
4° illustré : Juven, éd.).

« ses attractions, ils ne sauraient hésiter. Ils en-
« voient écolières et écoliers là où on les reçoit,
« et avec quel empressement, quelle victorieuse
« allégresse. Et l'effet de l'enseignement quo-
« tidien, l'action de l'école sont abolis par confé-
« rences, prêches, représentations tendancieuses,
« exercices de piété mêlés et savamment dosés,
« avec adjonction de jeux, sauteries, goûters, tom-
« bolas, visites de dames riches et de messieurs
« titrés.

« L'organisation des Patronages, mi-laïques,
« mi-ecclésiastiques, se complète de mois en mois.
« Plus de 3.800 patronages urbains et ruraux
« couvrent le pays d'un réseau dont les mailles
« vont se resserrant. Ils font regagner, dans le
« champ de l'éducation populaire, à l'enseignement
« fidéiste le terrain perdu par le fait de la laïcisa-
« tion. »

Nous espérons que rien ne fatiguera ce dévouement et cet esprit d'apostolat auquel M. Edouard
Petit veut bien rendre hommage. Cet apostolat
est une des formes du zèle de l'Eglise. Plus « les
principes de neutralité dont l'application est réclamée à grand bruit des institutrices et des instituteurs officiels » seront méconnus, plus le prêtre
aura à exercer son activité apostolique. Non seule-

ment l'Eglise doit protester contre toute violation de la neutralité, violation qui est d'ailleurs anti-morale et antilégale, mais encore elle a, pour mission positive de répandre la lumière, de diffuser la vérité. Elle n'existerait plus si elle pratiquait la « neutralité ». Il importe aussi de faire remarquer que si les enfants des écoles sont libres de venir dans nos Patronages, ils ne sont guère libres de ne pas aller à l'école. Nos adversaires devraient tenir compte de cette obligation et s'inspirer de cette situation pour respecter la foi des enfants. La neutralité n'est qu'une forme du respect que l'antiquité réclamait pour cette chose fragile qu'est une âme d'enfant.

Nos Patronages continueront donc leur œuvre de défense et aussi leur œuvre de conquête. Ce n'est pas assez de détruire des sophismes. Il faut encore créer des convictions. Les Patronages sont, au regard de l'Eglise, comme un ferment de résurrection religieuse et sociale, une sorte de levain à jeter dans une société qui paraît désorganisée, mais qui reste toujours avide de vie et de bonheur. De là, les efforts persévérants du Clergé et des hommes d'action en faveur de toutes les œuvres de jeunesse.

Dans ce mouvement général vers ces œuvres,

une idée nouvelle se fait jour et se précise : c'est la nécessité pour chaque curé, pour chaque pasteur chargé d'une paroisse, de se faire lui-même directeur de patronage. Il y a quelques années, le patronage pouvait nous apparaître comme une œuvre d'exception dans laquelle un prêtre plus zélé ou plus riche pouvait dépenser son surcroît d'activité ou sa fortune. Aujourd'hui, par la force des choses, la question a changé d'aspect. Un curé a le devoir de créer toute institution nécessaire à la conservation de la foi dans la paroisse qui lui est confiée. C'est un principe qu'il faut admettre rigoureusement. Or, à l'heure où nous sommes, le prêtre, ne peut plus se reposer sur la famille ni sur l'école pour ce travail d'éducation religieuse. Les deux années de catéchisme préparatoire à la première Communion et le catéchisme de persévérance sont loin de suffire à former, dans l'enfant, le chrétien et le fidèle. Il faut donc chercher le moyen de remplacer la famille, de suppléer l'école, d'en combattre, à l'occasion, les influences adverses, et de donner aux enfants, par ce moyen, les éléments nécessaires à leur formation catholique. Le patronage est ce moyen. Il permet au prêtre de se rapprocher de l'enfant, de le diriger, de le préserver, d'exercer sur lui une action de salut que la famille et l'école n'exercent plus. Le patronage, ainsi envisagé, est donc devenu et s'affirmera de plus en plus comme un élément normal et nécessaire du ministère paroissial. Il doit s'imposer à la conscience du prêtre avec la force d'un devoir, puisque sans ce moyen il est impossible d'assurer aujourd'hui l'éducation religieuse de l'enfant.

Notre admirable Clergé de France a parfaitement compris cette nécessité nouvelle. Là où nos prêtres n'arrivent pas, faute de ressources, à construire des patronages proprement dits, ils élèvent du moins des « Salles paroissiales » qu'ils partagent par une cloison afin de les adapter aux différents âges des patronnés. Dans leur pensée, ces salles servent aujourd'hui de patronages, en attendant peut-être hélas ! qu'elles soient transformées en églises. L'Œuvre de Jeunesse devient ainsi un rouage nécessaire de l'action pastorale. Le jour est donc proche ou, à défaut d'autre local, tout curé écrira sur la porte de son presbytère ce mot : Patronage de la Jeunesse. « Ce jour-là, ajoutait Monseigneur Meignan, alors évêque de Châlons, sera la date d'une ère nouvelle : nous aurons la renaissance de la foi. »

Qui sait si Dieu ne nous a pas donné les Allemand et les de Préville, vrais « spécialistes » et vrais « professionnels » de l'Œuvre difficile des patronages, pour qu'ils devinssent par leurs exemples comme par leurs méthodes, les modèles et les maîtres des prêtres d'aujourd'hui appelés à être, à leur tour et par devoir, directeurs d'œuvres de jeunesse? Aussi bien, quelle que soit la méthode générale adoptée pour les patronages, nous pensons qu'il faut envisager la « direction » personnelle de chaque enfant, au sens où l'entendaient M. Allemand et l'abbé de Préville, comme le principal moyen d'exercer quelque action dans les œuvres. Un directeur de patronages doit être un directeur d'âmes. Ce n'est pas assez de donner aux patronnés une formation générale par la parole publique ; il faut suivre chaque enfant en particulier, étudier ses aptitudes, connaître ses besoins, le diriger, en un mot, dans les points les plus précis de sa vie.

Cette « direction » avait une telle importance aux yeux de M. de Préville qu'il l'exerçait même au dehors du patronage à l'égard de ces jeunes hommes qu'une Revue catholique baptisait naguère d'un nom très juste, les « insaisissables ». On appelle ainsi les « anciens », ceux qui n'ont pas su rester fidèles à l'Œuvre de Jeunesse ; ou ces fils de fonctionnaires qui n'ont jamais osé se faire inscrire dans un mouvement régulier ; ou ces ouvriers que l'on force à travailler le dimanche ; ou encore ces enfants qui préfèrent la bicyclette, c'est-à-dire la liberté, au strict règlement d'un patronage, et qui viennent cependant faire quelquefois visite au Directeur... enfants dignes d'intérêt qui n'ont pas leur place dans un groupe normal, mais que le zèle d'un vrai « Père de Jeunesse » sait retrouver et ressaisir pour les empêcher de s'écarter du droit chemin. L'abbé de Préville les suivait partout. Il correspondait avec eux ; il allait les réclamer à l'atelier, au régiment, au foyer. Il les appelait « les vieux fils de sa tendresse ». Il avait pour eux des attentions paternelles. Nous ne savons rien de plus beau que ce zèle qui s'inspire directement de l'Evangile et qui séduisait le cœur de notre saint apôtre. Sur son lit de mort il pensait encore à eux, et c'est sans doute pour ces brebis fuyantes que le bon Pasteur fit si généreusement le sacrifice de sa vie.

Nous demandons au Seigneur d'inspirer aux Séminaristes de France, aux jeunes Prêtres des collèges et du ministère paroissial, aux laïques même qui ont au cœur l'amour des Œuvres de lire ce livre modeste où nous avons essayé de retracer la vie si pleine d'un homme de Dieu qui fut non un simple théoricien mais un vrai directeur de patronage, aussi expérimenté que dévoué, aussi agréable au ciel qu'habile au salut des âmes.

Heureux seront ceux qui voudront le choisir pour maître dans la science des Œuvres. Il y a dans l'imitation des serviteurs de Dieu une lumière et une force. Et c'est parce que nous croyons que l'influence de celui dont nous proposons l'exemple à nos contemporains a été puissante que nous avons intitulé cet ouvrage : « M. l'abbé de Préville et les Œuvres de Jeunesse ». Puisse cette influence s'exercer une fois de plus au sein de nos Patronages ! Ce sera pour la plus grande gloire de Dieu et pour le salut de la Jeunesse française.

CHAPITRE I

L'Enfant. — Eclat de la Naissance. — Education domestique. — Le Collège. — Mgr Haffreingue. — Charité et piété de Raoul. — Paris. — Prévoyance de M. et Mme de Préville. — Les bons Camarades. — Patronage St-Charles. — Vocation ecclésiastique.

Parfois Dieu fait naître les futurs apôtres des classes ouvrières au sein même de ce pauvre peuple qu'ils auront à évangéliser. On est plus secourable aux malheureux lorsqu'on a soi-même connu les privations et les souffrances qui sont inséparables de la pauvreté ; d'autres fois, pourtant, ceux que la Providence prédestine à être les serviteurs des petits et des humbles sont pris parmi les grands de ce monde, comme pour attirer plus impérieusement à la grâce de l'Evangile, par le prestige d'un contraste qui honore et flatte les classes populaires.

Il en fut ainsi pour M. l'abbé de Préville.

Maximilien Raoul de Roussel de Préville naquit au château de Mont-Lambert, près de Boulogne-sur-Mer, le 1er avril 1845. La famille de Préville tenait alors et tient encore aujourd'hui l'un des premiers rangs dans la noblesse boulonnaise par son ancienneté et par ses vertus.

Celui dont nous écrivons la vie ne s'est jamais prévalu de son origine. Nous en disons seulement ce mot pour éclairer la suite de notre récit : car si l'éclat de la naissance fut pour M. de Préville, en beaucoup d'occasions, un grand élément de succès, nous verrons qu'il lui fut quelquefois un obstacle, surtout dans les décisions qui dépendaient de sa famille, en même temps que de lui.

Ce qu'il fut dans son enfance, des renseignements authentiques et sûrs vont nous le dire : « A l'âge de deux ans et quelques mois, d'affreuses convulsions mirent sa vie en danger ; il resta deux heures sans connaissance, et l'on ne parvint à le ranimer qu'à force de soins. Ces accidents le rendirent délicat une partie de son enfance.

Au point de vue du caractère, il était doux, enjoué, voire même un peu taquin avec ses frères, qui, du reste, savaient se venger. Il avait une grande sympathie pour sa sœur plus âgée que lui, et l'entourait d'affectueuses prévenances.

D'une sensibilité excessive, il pleurait très facilement, surtout lorsque ses frères ripostaient trop vivement à ses saillies, mais lui n'aurait jamais voulu causer la moindre peine (1). »

(1) Renseignements donnés par la famille.

Dans ces traits, nous retrouvons M. de Préville. C'est bien lui, tel que nous l'avons connu : plein de bonté, de compassion, d'affabilité et d'entrain.

Jusqu'à l'âge de huit ans, Raoul de Préville resta dans sa famille. L'instituteur de la commune fut son premier maître dans les sciences humaines; mais, en même temps, une mère chrétienne formait son jeune cœur à la vertu et à l'amour de Dieu. Bientôt, cette première éducation domestique ne suffisant plus, Raoul dut prendre le chemin du collège.

Il y avait en ce temps-là, à Boulogne, une maison d'éducation très prospère, très bien fréquentée, que Mgr Haffreingue, homme puissant en œuvres, et dont la cité boulonnaise restera toujours justement fière, avait ouverte au commencement du XIXe siècle, dans les bâtiments de l'ancien évêché.

Pendant cinquante ans et plus, on rencontra partout les élèves de Mgr Haffreingue, dans la magistrature, dans l'armée, dans le sacerdoce, dans l'administration des affaires publiques, dans les lettres, dans la médecine. Partout on reconnaissait en eux des prêtres zélés, des catholiques dévoués, des hommes de devoir, et, par dessus tout, de fidèles serviteurs de la Sainte Vierge. Raoul de Préville fut envoyé dans cette école, comme demi-pensionnaire, avec son frère aîné.

Sans être ce qu'on pourrait appeler un travailleur forcené, Raoul fit de bonnes études chez Mgr Haffreingue ; surtout, ce qui est mieux, il y édifia par sa vive piété ceux qui vécurent avec lui.

C'est dans cette maison qu'il fit sa première communion, à l'ombre même de ce sanctuaire de Notre-Dame que la foi et l'amour achevaient d'élever à la gloire de Marie. Ce grand acte de sa vie impressionna vivement sa jeune âme : il conserva toujours un véritable culte envers le saint prêtre (1) qui l'y avait préparé et qui vécut, du reste, assez pour avoir la joie d'assister à sa première messe.

Ce n'était pas sans émotion que M. de Préville se reportait par le souvenir vers ces premières années : « J'ai repassé, disait-il, dans sa retraite de trente jours, en 1886, l'action du bon Dieu à travers toute ma vie et la suite des grâces dont il m'a entouré durant toute ma jeunesse : ce désir si lointain de me faire prêtre ; cette protection constante de la Providence, malgré la liberté si grande dont

(1) M. l'abbé Lefebvre.

je jouissais au collège ; la protection de la Sainte Vierge qui me défendait en me tenant à la première charge de la Congrégation.... Que la crainte de mettre le comble à mes fautes m'aide à profiter de tous ces souvenirs d'une protection si touchante ! »

Ces bonnes dispositions, naturellement, ne lui enlevaient pas sa gaieté. Il allait, chaque matin, de Mont-Lambert à Boulogne, avec son frère Oudard. Montés fièrement sur de petits poneys, nos deux écoliers étaient escortés par un fidèle domestique qu'ils prenaient grand plaisir à mettre littéralement en nage, courant eux-mêmes à toute vitesse, pour être en avance sur lui d'une grande distance. On voit d'ici le pauvre homme s'essoufflant à la poursuite de ses jeunes maîtres. Cependant, il s'agissait de ne pas manquer l'heure réglementaire, et l'on finissait par le prendre en croupe jusqu'à la porte du collège. Le soir, la même scène recommençait. Cet âge est sans pitié !

Plus tard, devenu pensionnaire, Raoul était très charitable. Il avait demandé à faire partie de la petite conférence de Saint-Vincent de Paul, établie dans le collège, et il ne tarda pas à en être l'un des membres les plus zélés. Plus d'une fois, le même serviteur dont nous parlions il y a un instant, lui portant ses vêtements, eut à constater la disparition, au profit des pauvres, d'une partie de l'habillement. Evidemment, Raoul ne faisait pas tout de suite l'aveu de sa conduite, mais comme le vieux domestique le pressait de ses questions anxieuses, force lui était bien, pour ne pas mentir, de dévoiler enfin sa bonne action.

C'est ainsi que grandit Raoul de Préville, dans une vive piété, une gaieté charmante, et une charité qui ne demandait qu'à s'épanouir.

Le jour vint où, les études secondaires terminées par d'heureux examens, il fallut quitter la famille : dur sacrifice pour Raoul qui aimait beaucoup ses parents. La vie du collège finissait pour faire place à la vie d'étudiant.

Est-ce que déjà, à cette époque, notre futur prêtre n'avait pas laissé percer son dessein et son désir de quitter le monde pour se consacrer à Dieu? Des témoignages intimes, tout à fait dignes de foi, nous répondent affirmativement. Seulement, Raoul rencontra une certaine opposition chez son père, qui voulut, non pas empêcher, mais « éprouver » sa vocation. Peut-être même est-il permis de penser que le vénérable gentilhomme avait, au fond du cœur, l'espoir qu'un tel délai lui conserverait ce fils qui promettait déjà de faire honorable figure dans la société. C'est la malheureuse illusion du monde ; il croit toujours perdre ceux qu'il est obligé de donner au Seigneur, et il ne les donne que le plus tard possible.

Quoi qu'il en soit, Raoul de Préville fut envoyé à Paris pour y faire ses études de droit. Chacun sait qu'il y a de grands dangers pour un jeune homme, hier encore tenu à l'étroit par la discipline d'un collège, ainsi que par la surveillance de sa famille, et qui est lancé, quelques heures plus tard, dans le tourbillon de la capitale, avec sa liberté et ses vingt ans.

Raoul connaissait ces dangers, et avec quelle crainte il les envisageait, nous le savons par un de ses amis, élève de l'École polytechnique, qui le rassurait ainsi : « Pourquoi crains-tu de venir à Paris l'année prochaine? Il est vrai que la capitale a été un écueil pour beaucoup, mais seulement pour ceux qui n'étaient pas franchement à Dieu et n'avaient pas de force de caractère ; mais toi, tu possèdes ces qualités et puis, la Sainte Vierge, que tu as si bien servie jusqu'ici et que tu serviras encore, ne t'abandonnera certainement pas. »

En même temps que sa Mère du Ciel, une autre mère veilla sur Raoul. M. et Mme de Préville accompagnèrent leur fils à Paris, passèrent plusieurs mois près de lui, et ne retournèrent à Boulogne, qu'après avoir vu, de leurs yeux sévères, le genre de vie qu'il allait mener. Ils prirent aussi le soin — chose capitale, que ne doivent pas négliger des parents chrétiens — de lui mettre entre les mains les plus précieuses ressources de persévérance, en le recommandant à un prêtre très, zélé et très dévoué aux jeunes gens, l'abbé de la Foulhouse, de Saint-Sulpice.

Ce que Raoul de Préville avait été à Boulogne, sérieux au travail, charitable pour les malheureux, plein d'entrain avec ses camarades, il le resta à Paris, dans sa vie d'étudiant. La jeunesse des écoles n'avait pas encore, à cette époque, au moins sur une aussi grande échelle, ces œuvres magnifiques de préservation, qui, sur tous les points de la capitale, ouvrent maintenant leurs portes aux nombreux jeunes gens des Facultés catholiques et officielles. Aujourd'hui, pendant ses temps libres, l'étudiant chrétien peut se rendre au cercle, tandis qu'alors, les soirées se passaient tantôt chez l'un, tantôt chez l'autre, au hasard des circonstances. Il y a de bons camarades, comme il y en a de très mauvais, et dans l'un et l'autre cas, le proverbe reste vrai : « Dis-moi qui tu hantes, je te dirai qui tu es. »

Raoul de Préville eut la bonne fortune de rencontrer à Paris d'excellents jeunes gens qui étaient ses amis, et dont plusieurs étaient originaires du Pas-de-Calais. Ils étaient justement groupés, par les liens d'une association toute volontaire, autour de ce prêtre, ami de la jeunesse, à qui ses parents l'avaient recommandé. Ces quelques jeunes gens se réunissaient donc le soir, après le travail, dans la chambre de l'un d'eux. Est-il besoin de dire que les heures, trop rapides au gré de nos étudiants, étaient joyeusement et bruyamment remplies? « On causait, on fumait, on chantait, on jouait aux cartes, et parfois, pour se divertir, on se payait de la crème orientale. Et comme le ménage faisait défaut dans cette installation de garçon, on cassait les œufs, sauf respect, dans une cuvette. Pour conclure, on prenait le thé, et l'on se séparait gaiement, se donnant rendez-vous pour le lendemain (1). » L'abbé de la Foulhouse était l'âme de ces joyeuses réunions.

Raoul de Préville n'était pas le moins en train dans la bande joyeuse. Il aimait beaucoup le monde et ses attraits. Ceux qui l'ont connu et qui lui survivent parlent volontiers de son amour pour les diverses distractions de la société, surtout pour

(1) Renseignements fournis par M. Gaston de Préville.

les soirées qui le passionnaient. Ils font remarquer aussi que sa mise était des plus recherchées ; jamais, ajoutent-ils, on n'aurait pu penser en le voyant, alors, à ce qu'il aurait pu être un jour. Plus tard, quand il sera prêtre, on lui remettra facilement en mémoire cette prédilection pour le monde : « Ce n'est pas, répondait-il, invariablement, ce que j'ai fait de mieux. »

Cependant, cet entrain naturel à la jeunesse n'empêcha point Raoul de Préville d'entendre la voix de Dieu qui l'appelait à l'apostolat fraternel. Les jeunes gens ne comprendront jamais assez le bien qu'ils peuvent faire, s'ils sont vraiment chrétiens, à leurs amis, à leurs condisciples, à leurs compagnons d'école ou de régiment. Raoul, on peut le dire, fut lancé dans les œuvres de jeunesse par l'un de ses camarades qui réussit, assez lentement d'ailleurs, à l'amener avec lui le dimanche au patronage Saint-Charles, situé rue Bossuet.

Nous prions nos lecteurs de ne pas oublier ce que nous disons ici. Cette heure nous paraît décisive dans la vie de M. de Préville. C'est au patronage Saint-Charles, croyons-nous, que le futur apôtre de la jeunesse eut la première révélation de sa vocation auprès des classes ouvrières.

Un jour donc, Raoul vint à Saint-Charles, avec

son ami. Il y vint sans enthousiasme : quel agrément trouverait-il au milieu de ces bambins, ignorants, grossiers peut-être, avec lesquels on voulait le condamner à passer son dimanche, cette journée du dimanche, si belle, si enchanteresse, pour un étudiant qui a de l'argent en poche et de la gaieté au cœur?

Quel contraste, en effet, entre ce jeune homme, si bien soigné de sa personne, aux belles manières, à l'air si complètement distingué, et ces petits enfants du peuple dont on voulait qu'il s'occupât ! De plus, le patronage Saint-Charles était peut-être, alors, l'œuvre la moins attrayante de tout Paris. Pas de chapelle, une cour grande comme la main, enfermée entre quatre murailles, hautes et sombres, une salle unique où tous les âges étaient mêlés : tel était le milieu où se trouvait subitement jeté le brillant jeune homme.

Aussi, disons-nous sans détour que Raoul ne s'y amusa guère. Triste et relégué dans un coin de la cour, il regardait sans intérêt les ébats naïfs des enfants ; au fond de son cœur, il se promettait bien de ne plus s'y laisser prendre. Mais Dieu avait ses desseins. Poussé par une force mystérieuse plus que par ses goûts intimes, Raoul revint le dimanche suivant.

Le Directeur de l'œuvre, le vénérable Frère Jean-Marie, n'avait pas été sans constater, la semaine précédente, l'air ennuyé de notre jeune étudiant. Cette fois, s'approchant donc de lui avec un petit enfant qu'il tenait par la main « Voilà un pauvre petit ignorant, dit-il à Raoul, ne voudriez-vous pas lui apprendre à faire le signe de la Croix et à réciter Notre-Père? — « Volontiers », dit le jeune homme.

Quand vint la fin de la journée, le petit catéchisé ne savait rien, mais le cœur de Raoul de Préville était gagné. C'était le but qu'avait voulu atteindre le bon M. Jean-Marie. Le dimanche suivant, Raoul ne manqua pas de retourner à Saint-Charles ; il y retrouva son cher élève.

Mais déjà, il ne voit plus le patronage sous le même aspect. Ces enfants qui se livrent à leurs jeux, ce directeur qui les surveille, ces jeunes gens qui fréquentent l'œuvre, tout cela, désormais, lui dit quelque chose. A partir de ce moment, Raoul s'attache à son œuvre, et avec quelle force !

Il écrit rarement à sa mère sans lui parler de son patronage, tantôt lui détaillant l'emploi de son temps, tantôt lui tendant la main en faveur de son œuvre. Il l'excite à chercher dans les œuvres une consolation à la grande peine que lui cause la mort prématurée de son fils Oudard. « Ma bonne mère, il m'est venu ces jours-ci une idée que je te communique. Puisque les 1.800 fr. que je devais fournir pour être remplacé comme soldat tombent du ciel, il me semble que c'est de l'argent pour le bon Dieu. Si tu me les envoyais pour mon patronage ? C'est une si bonne œuvre et une si belle institution ! Vous aurez ainsi, nous aurons, tous, part aux prières qui s'y font, et tous les enfants qui se sauveront grâce à nous, une fois au ciel, prieront avec ce pauvre Oudard pour nous.

« Nous établissons en ce moment une œuvre spéciale pour les plus grands ; impossible de mieux employer votre argent que pour cette œuvre; j'en jouirai directement et vous indirectement. Croyez-moi, c'est Oudard qui m'inspire cette idée, et puisque c'est lui qui, malheureusement, me rachète, qu'au moins cette somme lui profite ainsi par les prières que l'on y fera pour nous tous. Je compte sur toi. Ce joli denier ! Quel bien cela va faire !

« Je ne sais si je vous ai dit que chaque dimanche j'accompagne audacieusement des cantiques à mon patronage, sur un harmonium. Ce n'est pas fort, je vous assure, mais cela fait du bruit et soutient les voix des enfants. »

Et un autre jour : « Notre sermon de charité a produit 1.500 fr., mais cela ne servira qu'à payer la moitié de notre dépense. J'aimerais bien que vous nous envoyiez quelque chose : c'est une œuvre si intéressante.

« J'y ai passé dimanche toute ma journée, et je vous avoue que le soir on est vraiment content de soi ! On se rend cette justice que l'on a gagné sa journée, tandis que ceux qui vont aux courses ou ailleurs peuvent se dire qu'ils l'ont perdue pour eux et pour les autres.

« Ma bonne mère, je me laisse aller, parce que je sais que tu aimes que je te dise tout ce qui se passe en moi. Je te demande de beaucoup prier pour mes pauvres ouvriers. Je te raconterai quelques-unes des péripéties et des difficultés qu'ils ont à surmonter pour être bons, et tu verras combien cela nous est plus facile à nous. Ils doivent avoir plus de mérite que nous et seront sans doute mieux récompensés. »

De telles préoccupations rassuraient M. et Mme de Préville sur cette vie d'étudiant. Un jeune homme peut-il s'égarer en s'appuyant ainsi sur la Religion et sur la charité? « Ma bonne mère, ce matin, je suis allé à la messe et j'ai communié pour notre pauvre Oudard. Je crois bien qu'il n'en a pas besoin ; mais cela ne sera pas perdu, et s'il n'en use pas, moi, j'en profiterai, je l'espère du moins. Je me suis uni à vous et nos prières ne peuvent pas n'avoir pas été exaucées.

« Ah ! il est bien plus heureux que nous ; il n'a pas, comme nous, à résister à toute sorte de tentations ; il a assez combattu et le bon Dieu a voulu le récompenser avant de le laisser aller plus loin dans la vie.

« Console-toi, va, ma bonne mère ; il prie pour nous et nous protège du haut du Ciel. Ce n'est peut-être qu'à lui que je dois d'avoir le courage d'aller à peu près droit, quand il est si facile de faire un pas à gauche et de se perdre. »

Dès lors, la vie de Raoul n'est plus qu'une vie d'apostolat. La vraie source du zèle, c'est la Sainte Eucharistie, Raoul de Préville devient un fidèle et un habitué de la Table Sainte. Lui-même nous révèle ce point dans sa « Retraite de trente jours » : « Je ne compte plus les communions qui ont précédé mon sacerdoce. Presque tous les jours, j'avais le bonheur de communier, même avant mon entrée au Séminaire. Dès ma première communion, j'ai reçu Notre-Seigneur deux et trois fois par semaine; quel compte à rendre ! Que ne suis-je un saint ! »

Aussi, Dieu travaillait son âme d'apôtre. Raoul

sentait de plus en plus ce travail intérieur qui, sans aucune illusion possible, le poussait au sacerdoce.

Dieu récompense souvent les mérites de l'apostolat volontaire par la grâce de la vocation. Pour Raoul de Préville, l'exercice de l'apostolat est seulement le soutien d'une vocation connue depuis longtemps, mais qui s'impose désormais avec une force irrésistible.

Désireux de répondre au plus vite à l'appel d'en haut, notre jeune homme voulut interrompre ses études de droit. Sa correspondance est remplie de ce projet. Afin d'être plus fort auprès de ses parents, Raoul demanda les conseils de Mgr Dupanloup, avec qui il avait eu la joie d'être mis en rapport. L'évêque d'Orléans fut, en principe, de l'avis du jeune homme ; mais en face de l'insistance de M. et Mme de Préville, il conseilla à Raoul d'obéir, avant tout, à ses parents. Non pas que ceux-ci fussent opposés à l'entrée de leur fils dans l'état ecclésiastique ; leur esprit de foi était trop vif, nous le répétons, pour vouloir empêcher une aussi grave détermination, mais ils pensèrent qu'il était plus sage de lui commander d'aller jusqu'à la fin de ses cours.

Notre pieux jeune homme obéit, sans murmurer,

à ces désirs d'une mère et d'un père tendrement aimés. Toujours gai, comme autrefois, il partageait sa vie entre ses livres, le patronage Saint-Charles et ses amis. Il parle souvent dans ses lettres des agréables moments qu'il passe, en compagnie de plusieurs camarades et de son frère, alors élève des Beaux-Arts, dans une honorable famille de sa connaissance.

Un beau soir, dans cette même maison, on attendait les deux frères pour une « petite sauterie » convenue la semaine précédente. Déjà la réunion était nombreuse et les de Préville n'arrivaient pas. Tout à coup, on voit entrer dans le salon, non pas, comme toujours, les deux inséparables, mais le frère cadet seul, qu'on accable aussitôt de mille questions : « Mais où est Raoul, Raoul va-t-il venir ? »

Raoul de Préville ne vint pas. Il avait subi quelques jours auparavant son examen de licence en droit, et, le matin même, il était entré au Séminaire d'Issy.

Cette nouvelle fut un véritable coup de théâtre pour une assemblée qui ne s'attendait guère à une pareille décision. Nous l'avons dit, Raoul de Préville n'eut jamais une piété morose ; or, le monde croit assez facilement que le séminaire ne s'ouvre qu'aux natures sauvages ou extraordinairement mystiques. Personne, donc, n'avait prévu la détermination du jeune étudiant et l'on ne voulait pas y croire.

CHAPITRE II

*Le Séminaire : Issy et Saint-Sulpice. — Aire-sur-la-Lys. —
Le Supérieur de Collège. — Son Concept d'Education. —
Difficultés. — Démission. — Dessein de Dieu.*

Raoul de Préville avait choisi comme confident de sa pensée ce même prêtre qui l'avait toujours soutenu pendant ses études de droit, l'abbé de la Foulhouse, vicaire de Saint-Sulpice. Ce fut en sa compagnie et sous sa protection qu'il se présenta à Issy. Le vénérable M. Icart, de sainte mémoire, y faisait justement sa retraite. Il reçut affectueusement le jeune homme, qui portait encore l'habit laïque, et qui n'avait même pas pris le temps de se dépouiller de sa barbe magnifique.

Quelques jours plus tard, le 30 avril 1868, M. de Préville revêtit la soutane ; c'était le jour où l'on célèbre, dans les maisons de Saint-Sulpice, la fête de la Vie intérieure de Notre-Seigneur Jésus-Christ.

Au séminaire, l'aménité et la franche piété de l'abbé de Préville ne discontinuèrent pas. « Ce qui me frappait dès le commencement, dit un de ses condisciples, c'étaient ses communions fréquentes, faites avec une grande foi... Il était de tous les groupes qui se distinguaient par la dignité, les œuvres et la piété. »

Sa belle nature ne fit que se développer à la forte école de Saint-Sulpice.

L'abbé de Préville resta peu de temps à la maison d'Issy. Ses supérieurs l'ayant envoyé, après quelques mois seulement, au séminaire de Paris, il redoubla d'activité pour ne rien négliger de la préparation au sacerdoce. C'est cette préoccupation qui lui inspire ces lignes :

« Ma bonne mère, tu me demandes si je pourrai vous écrire souvent : je crains que non, parce que je m'organise, et qu'une fois organisé, il ne me restera guère de temps. Mais sois sans inquiétude, si j'ai la moindre chose, tu le sauras. Il ne faut donc point te tourmenter ; si tu ne reçois pas mes lettres aussi souvent, ce sera tout simplement parce qu'il y aura un devoir plus considérable qui l'emportera sur le plaisir.

« Sais-tu bien que ce n'est pas une petite affaire, de penser que si nous n'employons pas consciencieusement notre temps, et les moyens que Dieu a mis entre nos mains, nous serons responsables des décisions fausses que nous aurons données ! J'ai refusé les catéchismes pour le moment, quitte à m'y mettre plus tard, parce que, d'après l'avis de mon directeur, je dois faire de la philosophie, en compensation des cours que j'aurais dû suivre cette année. »

A mesure que le terme du sacerdoce se rapproche, l'abbé de Préville est plus pénétré de l'idée d'être un prêtre de zèle et de sainteté. « C'était aujourd'hui la première communion à Saint-Sulpice, écrit-il toujours à sa mère, et, bien que n'étant pas catéchiste, on m'a prié de rendre quelques services. J'ai pu voir les enfants auxquels je m'étais donné tout entier l'année dernière venir recevoir Notre-Seigneur pour la première fois et dans de bonnes dispositions. Ce qui m'a fait aussi grand plaisir, ce fut de voir que plusieurs enfants sur lesquels je ne comptais guère s'y sont retrouvés ; d'autres, au contraire, qui l'année dernière, me paraissaient dans les meilleures conditions ne sont plus revenus. Il y a donc eu des peines et des joies dans ma journée. N'est-ce point là toute la vie d'un prêtre? Ce qui fait précisément la vie d'un bon prêtre, c'est d'être toujours sur la brèche pour encourager ceux qui combattent vaillamment, pour rappeler et arrêter les transfuges, et surtout, pour ouvrir tout grands aux vieux pécheurs, qu'il faut ramener à Jésus-Christ, les bras de la miséricorde.

Oui, c'est là une noble vie ; remerciez avec moi le bon Dieu de la grâce incomparable de m'appeler à devenir son prêtre et à travailler pour lui. »

L'abbé de Préville traçait ce vrai programme sacerdotal, un mois avant de recevoir le sous-diaconat, dont il annonçait ainsi l'heureuse nouvelle à sa famille :

« C'est dans quelques semaines que j'aurai le bonheur de me donner tout entier à Dieu ; faible sacrifice que je lui ferai pour toutes les grâces dont il n'a cessé de me combler depuis que je suis en ce monde. Puisse-t-il le recevoir et faire de moi un saint prêtre ! Je dis « sacrifice » mais vraiment ce mot ne rend pas ce que j'éprouve ; il n'y a pas de sacrifice à renoncer à une liberté que je donne à Dieu. Si cet acte a quelque chose de pénible, je ne le vois pas ; je vois seulement que Dieu me traite en enfant gâté. Combien je serais coupable si je ne répondais point plus tard à tant de grâces que Notre-Seigneur m'aura faites !

« Ma bonne mère, si tu vas à la Visitation, recommande mon sous-diaconat aux prières de la Communauté, ainsi qu'aux différents monastères dans lesquels tu connais de saintes âmes. »

L'abbé de Préville termina ses études théologiques au mois de juin 1871. Son premier acte fut

de se mettre à la disposition de l'autorité diocésaine. Mgr Lequette, cet évêque si bon qui a laissé
dans son diocèse des souvenirs qui vivent toujours,
occupait le siège d'Arras. Monseigneur connaissait
M. de Préville ; il savait, en particulier, l'attrait
que celui-ci ressentait pour les jeunes gens ; il crut
favoriser cette inclination en lui offrant la direction du collège Sainte-Marie, à Aire-sur-la-Lys.

L'abbé de Préville n'était encore que diacre.
Il ne fut ordonné prêtre qu'au mois de septembre
1871. Cependant, il était déjà connu par un passé
d'œuvres et de généreuse abnégation : la nouvelle
de sa nomination fut accueillie par tous avec la plus
grande joie.

Il y avait un an que le collège d'Aire était fermé.
Pendant une période de dix-huit années, il avait
joui d'un continuel crédit. Les prêtres de la Société de Saint-Bertin le dirigeaient : l'instruction y
était sérieuse, et l'éducation solidement chrétienne.
D'excellents prêtres en avaient été les supérieurs :
un saint Père spirituel, l'abbé Crépin, y semait la
piété. Soudain, en 1870, on apprend la fermeture
de Sainte-Marie. Voici ce qui s'était passé. Pour
des motifs que nous ignorons, la Préfecture avait
mis des lenteurs à approuver le nouveau bail voté
par la Ville. Depuis plusieurs mois on attendait le

placet de l'administration. En présence de ces difficultés, la Société de Saint-Bertin avait cru devoir fixer un terme. Le terme venu et l'approbation manquant, les prêtres de Saint-Bertin se retirèrent, au grand regret de la Ville.

C'était alors l'époque terrible de la guerre. Le collège devint dépôt d'armes pour les bataillons de mobiles et mobilisés qui étaient exercés à Aire. Après la conclusion de la paix, un nouveau bail de neuf ans fut signé, et, cette fois, approuvé. Monseigneur Lequette agréa l'offre du Conseil municipal et consentit à ajouter les classes de seconde et de rhétorique à celles qui existaient précédemment.

Tel était le collège dont M. de Préville devenait le supérieur, à l'âge de vingt-six ans. Il aborda ses nouvelles fonctions avec le sérieux qu'il apporta toujours en toutes choses. En réalité, tout était à refaire dans l'établissement de Sainte-Marie. Les élèves anciens avaient presque tous été casés pendant l'année de vacance. Quelques pensionnaires seulement purent revenir de l'ancien temps. Une trentaine de nouveaux s'y joignirent. A cela, ajoutons un certain nombre d'externes anciens et nouveaux. C'est sur cet ensemble qui, vers la fin de l'année, atteignait presque la centaine, que va s'exercer le zèle de M. de Préville.

Nous n'avons pas l'intention d'entrer ici dans de grands détails. M. de Préville, comme tout prêtre chargé d'une école secondaire, s'efforça de donner à ses élèves « une instruction sérieuse jointe à une éducation solidement chrétienne (1). » Cependant il importe, croyons-nous, de faire ressortir ce que nous pourrions appeler son concept personnel sur la manière d'élever les enfants. C'est ici que nous allons voir, dans un jour complet, la physionomie du futur apôtre.

Dès la première heure de son supériorat, M. de Préville fit le procès des faux systèmes d'émulation, employés dans la plupart des collèges. Selon lui, on abuse des récompenses. On pousse l'enfant au travail, non pas d'après les lois immuables de l'honneur, de la loyauté et du devoir, mais par l'appât mesquin d'un objet qu'on fait briller devant ses regards avides. « Nous oublions trop que nos enfants sont raisonnables, par conséquent susceptibles de réflexion. Tout système qui tendra à fausser cette aptitude naturelle rendra pour l'enfant l'étude ennuyeuse, et par suite, nous serons dans l'obligation de développer chez lui, outre mesure, l'amour-propre, par un système complet de

(1) Programme.

récompenses qui seront bien vite usées. En tout cas, au moment de la sortie du collège, l'échafaudage des récompenses est terminé, et fait place à la vie sérieuse et ennuyeuse où vous coudoyez à chaque pas l'indifférence pour ce mérite que vous étiez habitué à faire l'objet des regards de toute une maison (1). »

Ailleurs, il dit : « Il faut travailler à développer les sentiments vrais. Je désire — également et uniquement dans ce but — que ces messieurs, qui voudraient en classe établir des systèmes particuliers d'émulation, aient l'obligeance de m'en entretenir auparavant ; car je pense que l'on peut s'en passer. L'an prochain, les places ne seront rendues qu'à la fin de chaque trimestre, en séance solennelle (2). »

On comprend la pensée de M. de Préville. Il veut former des hommes. Et, pour arriver à ce but, il travaille à développer la conscience par les principes de foi, de devoir, d'honneur. Donner une large place aux récompenses, c'est flatter l'amour-propre, c'est porter les enfants au travail par des motifs qui ne les inspireront plus lorsqu'ils seront dans « la vie sérieuse et ennuyeuse » ; c'est faire

(1) Lettre à un prêtre qui demandait son adhésion à un projet de formation d'une alliance entre les maisons d'éducation.
(2) *Journal de M. de Préville*, 6 juillet 1872.

du labeur quotidien, non pas un objet de vertu et une victoire désintéressée, mais une occupation mercenaire et terre à terre dont l'enfant attend le paiement immédiat.

Nous avons entre les mains plus de vingt lettres, écrites à des supérieurs, dans lesquelles M. de Préville revient à chaque instant sur ces idées qui lui paraissaient capitales. Il tâche de faire partager ses principes à ses collaborateurs. Il répond avec conviction à ceux qui lui font des objections sur ce régime trop « libéral », en un mot, il ne conçoit pas autrement l'éducation des enfants ; et c'est ainsi qu'il entend la pratiquer (1).

Dès lors, son regard cherche l'âme, dans l'œil de l'enfant, avec la persévérance infatigable d'un apôtre. Il ne ménage ni son temps, ni sa peine pour traiter personnellement chacun de ses élèves. Il pousse les « mauvaises têtes » à la générosité, il leur demande de faire du bien à leurs camarades. « Que de prières, de petites mortifications, de communions ferventes, d'actes de dévouements pendant les récréations, il a obtenus de ses petits collégiens (2). »

(1) Lettre à M. le Supérieur du Grand Séminaire d'Arras, vicaire général.

(2) Témoignage d'un ancien élève.

Quand le digne supérieur avait ainsi gagné la confiance, il demandait, en effet, des choses étonnantes. Il ne flattait jamais ; mais le prêtre de Jésus-Christ était tellement visible dans sa personne qu'on ne pouvait guère lui résister. « Jamais, sinon du bout des lèvres, on ne discutait ses désirs. » Heureux ceux qui apprirent de lui dans des directions qui semblaient des écoles de chevaleresques combats, à dompter leurs égoïsmes, leurs faiblesses, pour former le chrétien ferme, élevé, dévoué quand même ! M. de Préville a laissé une telle impression dans leurs âmes qu'aujourd'hui encore, le souvenir de ce saint prêtre reste, pour eux, un encouragement à faire le bien, et un reproche dans les moments de lassitude ou de découragement.

Cette méthode est celle que M. de Préville pratiquera toute sa vie. Le Directeur de Patronage se montre déjà dans le Supérieur de collège. Il pense qu'il n'y a pas deux manières d'élever les enfants, l'une applicable aux œuvres de jeunesse, l'autre particulière aux maisons d'éducation, puisque les enfants sont partout les mêmes, et qu'on ne doit avoir, en s'occupant d'eux, qu'une seule ambition, celle d'en faire des hommes pour l'avenir. « Ma conviction est que pour faire des hommes avec des enfants, il faut agir avec eux comme avec des hommes. On croira peut-être que je suis dans l'erreur ; il n'en est pas moins vrai que je ne puis pas, à volonté, me départir d'une conviction qui ne s'est formée chez moi qu'après bien des expériences, petit à petit, et qui est de plus, j'ose le dire, le fruit de longues réflexions (1). »

M. de Préville eut bientôt de nombreuses sympathies auprès des familles qui lui confiaient leurs fils. A vrai dire, le supérieur de Sainte-Marie ne négligea rien ; il dispensa largement l'aliment spirituel, intellectuel et physique. Nous avons parlé de son action personnelle. Il tint, en outre, à donner à son petit peuple un surveillant général et un maître de discipline qui centralisaient le soin ordinaire des enfants. Chaque classe posséda bientôt un titulaire distinct. Des cours de langues étrangères furent organisés. On ouvrit une double bibliothèque, et un cabinet de physique. M. de Préville était prêt à tous les sacrifices pour faire de sa maison une maison modèle, rêvant pour elle cependant moins le nombre que la valeur des sujets en formation.

Comment ces heureux débuts et ces nobles des-

(1) Lettre à M. le Supérieur du Grand Séminaire d'Arras.

seins n'eurent-ils que la durée de l'année scolaire
1871-1872? En effet, à la fin du mois de juillet,
M. de Préville pria Mgr Lequette, évêque d'Arras,
d'accepter sa démission de supérieur. Nous avons
sous les yeux une longue correspondance échan-
gée entre l'autorité diocésaine et le supérieur de
Sainte-Marie, dans laquelle celui-ci persiste, avec
cette énergie qui fut une des caractéristiques de
sa vie, à maintenir son idée de se retirer, tandis
que l'Evêché lui adresse l'expression des raisons
les plus convaincantes pour le déterminer à rester.
Le 4 septembre 1872, M. le Supérieur du Séminaire, vicaire général, lui écrivit :

« Evêché d'Arras, 4 septembre 1872.

« Mon cher Monsieur de Préville,

« Après avoir entendu mon compte rendu de
la conversation de samedi dernier, et les observations nombreuses qui lui ont été faites, Monseigneur... a cru devoir accepter l'offre réitérée que
vous avez faite de votre démission, et nommer un
autre supérieur au collège d'Aire.

« Vous connaissez assez les difficultés d'une
administration pour comprendre qu'elle doit agir

souvent contre les inclinations du cœur. C'est ce qui arrive en cette circonstance.

« Veuillez me croire votre très humble et très obéissant serviteur,

« PORTENART, Vic. Gén. »

Dieu accomplit ses desseins à travers toutes les circonstances. Sans doute, quelques diversités d'opinions s'étaient produites sur un ou deux points dans plusieurs membres du personnel enseignant ; mais elles n'avaient en rien altéré, chez aucun, la profonde estime, et, chez la plupart, la très sympathique admiration pour leur supérieur. En apparence, M. de Préville se retira parce qu'il n'avait pas une pleine liberté d'action pour mettre en pratique le système d'éducation qui lui paraissait le seul bon, mais, en réalité, Dieu le voulait dans un genre de vie plus militant. M. de Préville doit être, avant tout, un père de jeunesse, de cette jeunesse ouvrière qui a tant besoin, dans notre siècle, qu'on s'occupe d'elle pour la détourner des abîmes et la porter au bien.

CHAPITRE III

Avant de quitter l'établissement Sainte-Marie, M. de Préville régla toutes les affaires de son administration avec un soin délicat et une grande générosité, n'enlevant du collège que ce qui était sa propriété tout à fait particulière (1). Il se retira alors au milieu des siens, dans l'ancienne habitation de famille. Il y passa près de six mois. Ce fut un temps de retraite et de recueillement. Il ne quittait sa solitude que pour faire un peu de ministère à Saint-Martin-les-Boulogne, quand M. le Curé de la paroisse réclamait ses services, ou pour remplacer un professeur chez Mgr Haffreingue, lorsque cette chère maison, qui l'avait élevé, faisait appel à son dévouement.

Une autre œuvre, cependant, sollicita son zèle de prêtre et d'apôtre. Autour du château de Mont-Lambert, il y avait plusieurs centaines d'habi-

(1) Lettre à Mgr Lequette.

tants, forcés chaque dimanche d'aller entendre la messe à l'église de Saint-Martin, située presque à une lieue de là. On manque facilement au devoir, lorsqu'il faut passer par dessus de tels obstacles pour le remplir. M. de Préville voyait depuis longtemps, avec regret, ce triste état de choses, dont sa famille n'était pas moins désolée que lui. Pour y mettre fin, il conçut le généreux projet de bâtir un centre de prières dans ce quartier jusque-là déshérité. On se mit à l'œuvre sans retard, et, le 30 novembre 1873, Mgr Lequette bénissait solennellement cette église de Mont-Lambert, aujourd'hui si utile à la population nombreuse qui s'est groupée aux environs.

Cependant, M. de Préville était, depuis plusieurs mois, dans une grande perplexité d'esprit. Que devait-il faire pour répondre aux desseins de Dieu sur son avenir? Il ne pouvait pas continuer à mener cette vie de famille, quelque douce qu'elle fût : un prêtre appartient aux âmes. « Une seule peine, dit-il, me préoccupait. Je cherchais, quelle était la volonté de Dieu sur moi. Je priais, j'écoutais, au fond de mon cœur, la voix de Dieu, et la lumière ne se faisait pas (1). »

(1) Notes écrites par M. de Préville lui-même.

Une précieuse indication, pourtant, était de nature à le rassurer, c'était l'attrait qui le poussait à consacrer sa vie au soin de la jeunesse. « Il me semblait indifférent de connaître quels enfants j'aurais à diriger, mais il me fallait des enfants à conduire au bon Dieu. »

Voici comment ses hésitations furent dissipées : « Au milieu de ce trouble d'esprit et de cœur, Mgr l'évêque d'Arras m'offrit un poste de curé : c'était le moment que Dieu attendait pour m'éclairer. J'écrivis à Monseigneur pour le remercier et le prier en même temps de me laisser essayer un patronage. Cette œuvre n'était pas nouvelle pour moi, puisque, pendant tout le temps de mes études de droit, j'avais passé chaque dimanche au patronage Saint-Charles sous la direction du « Bon Père » Jean-Marie. Monseigneur me répondit qu'il m'autorisait à commencer cette œuvre. »

M. de Préville vint s'installer à Boulogne, dans une petite maison de la rue Tour-Notre-Dame (1), « une maison de vicaire », comme il disait lui-même ; puis il se mit immédiatement en quête d'un local pour son œuvre future. Malgré d'actives recherches, ne trouvant rien à sa convenance, il demanda à un pieux laïque (2) qui dirigeait un orphe-

(1) C'est le n° 5.
(2) M. Flour.

linat dans la rue Désille, de l'autoriser à dire la sainte messe dans sa chapelle et à s'occuper un peu de ses enfants. L'abbé de Préville voulait travailler : il se fit donc l'aumônier de quelques orphelins à qui il enseignait le catéchisme, et dont il ouvrait les âmes à la vie chrétienne, au moyen d'une instruction familière qu'il leur adressait chaque soir.

Mais ce que M. l'abbé de Préville voulait, avant tout, c'était un patronage. Telle était sa préoccupation constante. De plus, il ne tarda pas à sentir, avec son zèle ardent, que ses journées n'étaient pas suffisamment remplies par une messe célébrée à l'orphelinat, et par un petit mot dit, le soir, à quelques enfants.

C'est alors que l'idée lui vint d'utiliser, pour l'œuvre qu'il projetait, la cour de l'orphelinat qui lui avait ouvert ses portes. Puisqu'il ne trouvait pas de local qui pût lui convenir, pourquoi ne grouperait-il pas le jeudi, à l'heure où les orphelins sont en promenade, quelques enfants des écoles, qu'il recruterait comme il pourrait ? Assurément, personne, autour de lui, ne l'encourageait à persévérer dans son dessein. Le dirons-nous ? Ses confrères eux-mêmes, et surtout, lui faisaient de fortes objections. « Vous ne réussirez pas, lui disait un des membres les plus haut placés du clergé diocésain, vous ne réussirez pas ; j'ai essayé avant vous ; il n'y a rien à faire, en ce genre. » M. de Préville n'écouta que son zèle d'apôtre et demanda, au directeur de l'orphelinat, une permission qui lui fut gracieusement accordée.

La cage était trouvée ; il s'agissait maintenant de la remplir. L'abbé de Préville n'avait pas sous la main ce premier noyau que tout prêtre de paroisse rencontre, sans aucune peine, parmi les enfants de ses catéchismes. Lui se trouvait sans nulle ressource de ce genre, puisqu'il n'était attaché à aucune église. Il y avait, en ce moment, à la paroisse sur laquelle il habitait, un excellent vicaire avec qui il était en relations d'amitié ; il fut chez lui, lui expliqua son projet, lui exposa son désir de commencer immédiatement et lui demanda sa bienveillante collaboration pour les difficiles débuts de son œuvre.

L'abbé Sagot — c'était le nom du vicaire de Notre-Dame — accepta de grand cœur. Le jeudi suivant, on le vit arriver avec tous les enfants du catéchisme de première communion, dans la cour de l'orphelinat : il engagea aussitôt une vigoureuse partie qui excita immédiatement la bonne humeur de ce petit monde d'écoliers en liberté.

L'œuvre du patronage était fondée. M. de Préville conserva toujours une vive reconnaissance envers ce prêtre, bon et dévoué, qui lui avait donné son concours dans cette chose si difficile qui s'appelle le début d'une œuvre.

Une semaine plus tard, les mêmes enfants revinrent, conduits par le même prêtre. « Je commençais tout de suite, dit M. de Préville, les exercices que j'avais vu pratiquer dans les patronages de Paris. » Les enfants arrivaient vers deux heures ; ils jouaient jusqu'à quatre heures, puis le directeur racontait une « histoire » pour couper l'après-midi, et l'on se séparait vers le soir, après avoir récité une dizaine de chapelet.

Cependant, les quinze ou vingt enfants des deux premières séances n'étaient pas toujours fidèles. Parfois M. de Préville se trouvait en face de deux ou trois seulement. Quel sujet de découragement ! Combien de natures moins fortement trempées que la sienne n'auraient-elles pas cédé ? Lui ne désespéra jamais. « Dans les premières semaines, je puis dire que je ne dus la réussite qu'à une grande énergie : car bien des fois, mes enfants se trouvèrent réduits à quatre ; quelquefois un seul venait ; mais quelque restreint que fût le nombre, je n'en continuais pas moins la réunion telle que je l'avais organisée le premier jour, et telle qu'elle a continué jusqu'à présent. »

Leçon précieuse à recueillir pour tout apôtre qui entreprend une œuvre de jeunesse ! Il ne faut point penser, surtout, que le nombre est nécessaire pour commencer ces sortes de réunions. Quelques enfants suffisent, quelques enfants choisis par leurs bonnes dispositions, et qu'on peut ainsi mettre à la base de l'œuvre, en leur inspirant l'esprit de piété et d'apostolat. Et puis, ne pas s'étonner ni se décourager lorsqu'on remarque, après un certain temps, les défections se produire : c'est la vengeance du démon qui passe sur l'œuvre et qui lui sert d'épuration salutaire. Ainsi l'ont pensé, et l'ont dit, tous les directeurs d'œuvres de jeunesse : ainsi ne manquait pas de le redire M. de Préville quand on le le consultait — ce qui arrivait souvent — pour un projet de cercle ou de patronage.

Pour s'attacher plus étroitement ces prémices de son œuvre, l'abbé de Préville imagina de donner à ses enfants, en récompense de leur fidélité, des « jetons » avec lesquels ils pouvaient acheter des objets utiles. « Bonne séance au patronage de jeudi ! écrit-il, dans ses notes ; j'ai distribué sous forme de vente, à mes enfants, de petits objets qui leur ont fait grand plaisir ; les couteaux principalement ont eu un magnifique succès. »

Mais M. de Préville les gagnait surtout par la bonté. Son but était bien plutôt de les instruire et de les amener au bon Dieu. Pour cela, il s'attachait particulièrement à se faire comprendre de ces petits enfants en mettant ses catéchismes et ses instructions à la portée de leur faible intelligence.

« J'ai remarqué, dit-il, l'immense parti qu'on peut tirer de l'explication des images ; il s'en dégage une émotion facile qui grave dans les jeunes cœurs ce que ne pourrait faire l'instruction la plus longue. Vous pouvez ainsi maintenir leur attention un temps considérable sur un sujet qui leur échappe d'ordinaire. Exemple : je me suis servi d'une image pour expliquer le Saint Sacrifice de la messe et son influence sur les âmes du Purgatoire : attention complète. Egalement, je leur ai fait toucher du doigt la réalité de la présence de Notre-Seigneur Jésus-Christ à l'élévation. Je ne négligerai pas ce petit moyen. Seulement, continue-t-il, avec une humilité que nous aurons bien des fois l'occasion d'admirer, j'aurai soin de préparer mon explication, qui, devenant plus claire, deviendra en même temps plus saisissante et pourra produire ainsi de plus heureux effets, si vous voulez bien me bénir, ô mon Dieu ! »

Le bon Dieu le bénit si visiblement que ses enfants lui demandèrent bientôt une deuxième réunion qui se ferait le dimanche. Grande difficulté à résoudre ; car le dimanche, la cour de l'orphelinat n'était pas libre ; les orphelins, qui n'allaient pas en promenade ce jour-là, y prenaient leurs ébats. De plus, une raison d'ordre supérieur imposait le départ. L'orphelinat venait d'être vendu pour servir de logement à la maréchaussée. M. de Préville se met à la recherche d'un local propice, comme quelques mois auparavant. « Je cherchais partout, dit-il où j'aurais pu trouver une grande maison avec une cour spacieuse. J'avais vainement arpenté tous les quartiers de la Haute-Ville ; rien de convenable ne se présentait : j'en étais attristé. »

Ceux de nos lecteurs qui connaissent Boulogne se demanderont peut-être pourquoi ce prêtre, au zèle ardent, cet ami des pauvres, n'a pas pensé à choisir comme théâtre de son action apostolique, un de ces quartiers déshérités — il y en a plusieurs dans cette ville de 50.000 âmes — où l'industrie moderne a groupé par milliers, depuis quarante ans, les ouvriers et les malheureux de ce monde? Quel bien réaliserait une communauté qui voudrait enfin se fixer au milieu de ce peuple bon, mais ignorant, mais détourné de la religion, et qu'il faudrait à tout prix ramener à Dieu ! M. de Préville aurait eu sur ces populations ouvrières une profonde influence, par son zèle, par sa piété, par son grand nom. Aussi, c'est justement au milieu d'elles qu'il aurait désiré établir son œuvre. Il avait jeté les yeux sur ce quartier de Capécure qui était alors en formation et qui constitue aujourd'hui l'une des plus puissantes agglomérations ouvrières du nord de la France. Il l'a répété bien souvent à ses intimes ; mais c'était aller contre les intentions de sa famille, de son père surtout.

M. de Préville cherchait donc toujours un local pour son œuvre en détresse, lorsqu'un jour, confiant sa peine à ce même prêtre qui l'avait aidé au début du patronage, celui-ci lui dit : « Il y a là l'ancien Petit Séminaire, pourquoi ne demandez-vous pas à en disposer? »

« Comment n'y avais-je pas pensé, raconte l'abbé de Préville, je ne saurais le dire. Quoi qu'il en soit, je me rendis chez M. le Doyen de la Cathédrale, qui m'accorda très gracieusement la ouissance de la cour et de plusieurs grandes salles. »

La nouvelle, l'heureuse nouvelle, circula rapidement et fut accueillie avec la plus grande joie par les enfants de M. de Préville.

Il y entra, sans retard, le dimanche suivant, c'est-à-dire le dimanche de Quasimodo, 1873. Date célèbre dans l'histoire du patronage ; c'est la date de la véritable fondation. On la commémore chaque année, avec une allégresse toute chrétienne : ce jour-là, c'est grande fête à Notre-Dame des Apprentis ; les anciens de l'œuvre ne manquent pas d'y revenir, comme, à certaines heures, on revient à un berceau, pour revoir cette maison où Dieu leur a donné de passer les moments les plus doux de l'existence.

CHAPITRE IV

L'ancien Petit Séminaire dans lequel le zélé
fondateur venait d'installer son œuvre avait besoin
d'être approprié à la destination nouvelle qu'on
lui donnait. Tel qu'il était, cependant, il fallait
remercier Dieu d'avoir trouvé cet immeuble.
M. de Préville le reconnaissait volontiers. « Si
ce n'était pas encore la perfection, c'était, au
moins, une vraie amélioration. »

Il y avait, au rez-de-chaussée, une grande salle
qui devint la salle des jeux, la salle des histoires
et des avis, la salle des jeux bruyants quand il faisait mauvais temps ; en un mot, le centre de l'œuvre. Au-dessus, à l'étage, se trouvait l'emplacement
de l'ancienne chapelle, dans le plus triste état
de délabrement ; en face, une cour, l'ancienne cour
des séminaristes, assez restreinte dans ses proportions, suffisante, pourtant, pour une œuvre nais-
sante. « J'installai mon petit monde dans la grande
salle et, après une courte explication, une esquisse

de règlement, je descendis avec mes enfants dans la cour où je commençai un jeu du pays, qu'on appelle « quanime. »

Le même entrain qui avait régné à l'Orphelinat de la rue Désille, transformé en patronage, se retrouva dans le nouveau local de la rue de Lille. Les enfants ressentaient, de plus, la joie que leur donnait l'espoir d'avoir désormais une installation définitive. Ils ne tardèrent pas à toucher à la centaine.

L'abbé de Préville pensa que le moment était venu de donner une physionomie à son œuvre. Son premier désir fut d'y ouvrir une chapelle. Une œuvre de jeunesse qui n'a point son sanctuaire spécial, son centre de prières particulier, son tabernacle à elle, est une œuvre nécessairement incomplète. Beaucoup de saints prêtres, parmi ceux qui se sont dévoués à ces sortes de ministères, conseillent de commencer par là. On doit mettre le bon Dieu dans les fondations, s'il est permis de parler ainsi. M. de Préville, naturellement, était de cet avis. Il disait qu'on peut bien se passer de salles, même de cour, puisque lui-même, — nous le verrons bientôt — a dû quelquefois se réfugier sur le rempart de la Haute-Ville ou sur les grands chemins, mais de chapelle, jamais.

Lui, pourtant, n'en avait pas encore dans son œuvre qui prospérait. Il en éprouvait une grande peine, et sa peine était d'autant plus vive que, dans cet ancien Petit Séminaire qu'il avait connu jadis, une chapelle existait à l'usage des élèves de l'établissement.

Or, cette salle, qui autrefois avait été la chapelle, était toujours là, mais ne servant plus que de débarras. « J'avais le cœur bien gros, dit-il quelque part, quand je passais devant la porte. » Cette tristesse fit naturellement naître dans son esprit et dans son cœur l'idée et le désir de rouvrir l'ancien sanctuaire. Seulement, pour en arriver là, « il fallait, continue-t-il, déranger les habitudes de beaucoup de monde, et je craignais de ne pas réussir ; mais j'eus recours, comme toujours, à la Sainte Vierge, et voici qu'à l'ouverture que je fais à M. le Doyen de rendre la chapelle à son premier usage, je reçois une permission fort aimable. Immédiatement, je me mets en quête de tout ce qui était nécessaire, et bientôt ma chapelle est installée, très simplement, mais elle est installée. »

La chapelle une fois trouvée, il s'agissait d'en tirer aussitôt parti. C'est alors que vint à M. de Préville l'idée de réaliser à Boulogne ce que M. Allemand avait obtenu dans son œuvre de Marseille, à savoir la récitation quotidienne du chapelet. Déjà, à la rue Désille, on connaissait et on pratiquait cette prière, mais jamais on n'était allé plus loin que la première dizaine. Le directeur du nouveau patronage pouvait donc se demander comment on accueillerait sa proposition. Ici encore, le désir d'honorer et de faire aimer la Sainte Vierge fit que M. de Préville passa outre à toutes ses craintes. Après avoir beaucoup prié, il se décida donc à parler de son projet à son petit monde. Cette demande fut acceptée avec enthousiasme. Le jour même, on termina la soirée par la récitation du chapelet. Depuis cette heure, trente-cinq années se sont écoulées, mais pas un jour ne s'est terminé au Patronage de Notre-Dame des Apprentis, sans que Marie n'ait reçu le tribut de ces prières d'enfants, si douces à son cœur maternel. Que de couronnes d'une louange pure déposées sur son front ; que de grâces répandues sur l'œuvre de celui qui a si bien su la faire aimer (1) !

Une autre innovation, plus heureuse encore, fut bientôt tentée par notre saint prêtre. Jusqu'à l'époque où nous sommes arrivés, l'abbé de Pré-

(1) Afin de retenir l'attention de ses enfants, M. de Préville introduisit bientôt l'usage de faire chanter, entre chaque dizaine, un couplet de cantique, ou de dire quelques mots familiers sur les mystères du Rosaire.

ville célébrait chaque jour la sainte messe à l'église Notre-Dame. Même le dimanche, c'était dans ce sanctuaire qu'il offrait l'auguste sacrifice. Ceux de ses enfants qui ne fréquentaient plus les écoles avaient ordre de l'y accompagner. Mais ils obéissaient plus ou moins exactement ; on les voyait arriver, qui, au commencement, qui, à la fin de la messe. M. de Préville souffrait de ces négligences apportées dans le service de Dieu. Selon lui, il n'y avait d'autre remède à ce mal que de donner la messe à ses enfants, dans leur propre chapelle, à une heure favorable pour tous. C'est ce qu'il résolut d'exécuter immédiatement. Une permission qu'il demanda à l'Evêché et qu'on lui accorda aussitôt le mit à même de commencer le dimanche suivant. Une douzaine d'enfants assistèrent à cette première messe célébrée par M. de Préville dans cette chapelle du vieux séminaire. Dès lors, le sanctuaire devint comme la paroisse du petit troupeau qu'avait rassemblé le zèle de l'apôtre dévoué.

Une autre faveur vint encore réjouir le cœur de M. de Préville, ce fut de pouvoir conserver le Saint-Sacrement toute la journée du dimanche, après avoir, le matin, distribué la communion à ses enfants plus âgés. Et, comme il voyait, en tout, le côté surnaturel des choses, l'idée lui vint bientôt de profiter de la présence auguste du Sauveur pour porter encore ses jeunes gens à la piété. Voici comment il s'y prit. Il imagina de constituer une Garde d'honneur du Saint-Sacrement, et d'inaugurer ainsi, dans son œuvre, ces foyers puissants de vie chrétienne et d'apostolat que sont les associations.

Il fallait d'abord faire comprendre le grand honneur qu'on avait accordé au patronage, en lui donnant cette faveur d'avoir le Saint-Sacrement ; c'est ce que M. de Préville ne manqua pas d'expliquer, avec son éloquence persuasive, plusieurs dimanches consécutifs, dans l'instruction familière qu'il adressait à ses enfants ; puis, quand cette pensée fut bien entrée dans les esprits, il en tira cette conclusion qu'eux, de leur côté, devaient répondre à une grâce aussi insigne, en dérobant quelques instants à leurs jeux pour venir parfois adorer Notre-Seigneur. Il les exhorta aussi à recevoir, au moins quelques-uns, chaque dimanche, la sainte communion. C'est alors seulement que le zélé directeur prononça le mot d'association et de Garde d'honneur. Quatre enfants répondirent à son appel. « Vous voici au nombre de quatre, leur dit M. de Préville ; chacun de vous va prendre une semaine du mois pour communier à son tour. »

Bientôt le nombre fut doublé, et en même temps le nombre des communions de chaque semaine, car l'exemple de ces petits apôtres eut pour résultat de tuer, dans l'œuvre, ce respect humain qui s'insinue partout : en les voyant communier, d'autres enfants se glissèrent près d'eux à la Table sainte.

M. de Préville voulut assurer par quelques pratiques cette association eucharistique.

Les associés devaient :

1° Réciter le plus fréquemment possible cette invocation : « Loué, adoré, remercié, soit à jamais le très saint et très adorable Sacrement de l'Autel ! »

2° Assister à la messe, en semaine, aussi souvent que possible ;

3° Réciter le chapelet en entier chaque jour ;

4° Assister à la réunion hebdomadaire.

C'étaient les membres de la Garde d'honneur, qui, chaque dimanche, escortaient le Saint-Sacrement, quand, le soir venu, le directeur portait les saintes Réserves à l'église Notre-Dame. Il fallait traverser un coin de la cour ; les jeux n'étaient pas terminés ; souvent même, c'était le moment de la plus grande effervescence ; mais M. de Préville inculquait une foi si vive à ses enfants, que tous tombaient à genoux, comme un seul homme, lorsque Notre-Seigneur passait au milieu d'eux. Un tel spectacle devait être bien agréable au divin Maître.

Le point principal du règlement que nous avons reproduit plus haut était l'assistance à la réunion de chaque lundi. Elle produisit le plus grand bien dans l'œuvre. Le saint directeur lui donnait, en effet, une importance capitale. Il en prenait occasion pour développer, parmi les associés, l'esprit d'apostolat et de charité fraternelle. Il leur faisait comprendre que la loi chrétienne nous oblige à penser à nos frères, surtout à ceux qui sont dans la peine ou dans l'isolement, et, appliquant ce principe à leur vie au patronage, il leur disait qu' « ils venaient à l'œuvre non pas tant pour eux-mêmes que pour le bien de leurs camarades ».

En même temps, il leur apprenait le sacrifice, la mortification, la pénitence ; il les poussait à la piété ; en un mot, il essayait d'en faire des apôtres par l'exemple et par la prière.

Ces pensées sont exprimées, sous mille formes, dans les procès-verbaux des réunions que nous avons sous les yeux. Avant de se séparer, l'un des membres était chargé d'offrir toutes ses prières de la semaine pour l'association. Les associés sortaient de ces assemblées, désireux de bien faire et pleins de zèle pour leurs petits compagnons.

En voyant ces heureux résultats, M. de Préville était plein de joie. Relisons, à la fin de ce chapitre, la prière si humble et si touchante qu'il adressait à Notre-Seigneur en terminant sa première réunion de la Garde d'honneur et que nous avons retrouvée dans ses notes.

« Bon Sauveur, Jésus Eucharistie, Jésus, vrai Pain de vie, soyez mon guide, comme vous fûtes aujourd'hui mon inspirateur. *Ecce ego, Domine quid me vis facere?*

« Soutenez, ô bon Jésus, mes premiers pas dans cette voie difficile de conduire les âmes à la perfection ; bénissez ce premier essai de vous gagner ces chers enfants.

« Loué, adoré, remercié, soit à tout moment le très saint, très adorable, et très divin Sacrement de l'Autel ! »

CHAPITRE V

Cette vie de piété que M. de Préville tenait essentiellement à mettre dans son patronage, dès le début même de son existence, ne l'empêchait pas de s'occuper des autres éléments nécessaires au développement et à la prospérité d'une œuvre de jeunesse. La question des jeux ne fut jamais pour lui une grande difficulté. Les enfants sont portés par leur nature au jeu ; dès qu'ils sont réunis, même à trois ou quatre, il faut qu'ils remuent : ils improvisent une récréation sur-le-champ. M. de Préville laissait jouer ses enfants aux jeux les plus simples, aux jeux de la rue, comme il disait quelquefois. Il ne s'occupait des détails que lorsqu'il voyait l'entrain diminuer ou bien quand, au milieu de l'animation générale, il apercevait, dans un coin de la cour, quelqu'un de ses enfants qui ne partageait pas la joie de ses camarades.

Dans ce dernier cas, il venait lui-même, ou envoyait l'un de ses petits congréganistes remettre en mouvement le membre endormi. De jeux extraordinaires, il n'y en eut guère au patronage, si prospère cependant, de la rue de Lille.

M. de Préville n'abandonnait pas ses enfants, même quand ils étaient en dehors de l'œuvre. Sa sollicitude les suivait partout. Dès le commencement du patronage, il avait projeté de fonder une bibliothèque particulière, à l'usage exclusif des enfants qui le fréquentaient. Il ne tarda pas à mettre son projet à exécution. La première distribution de livres se fit le 4 mai 1873, avec le plus grand succès. Nous verrons bientôt les magnifiques accroissements que M. de Préville dut donner à cette œuvre des bonnes lectures ; bornons-nous maintenant à dire que, dès la première heure, elle trouva le meilleur accueil parmi les jeunes patronnés.

En même temps qu'il favorisait les lectures saines et bienfaisantes, l'abbé de Préville s'occupait aussi à réunir les vieux papiers au profit du denier de Saint-Pierre, pour faire disparaître les mauvais livres. Il savait intéresser ses enfants, ses amis, ses relations, à cette entreprise doublement utile. De belles offrandes faites au Souverain Pontife ; beaucoup de maisons purgées d'un poison qu'elles renfermaient, au détriment des âmes : tels furent les résultats de cette œuvre des « vieux papiers » à laquelle M. de Préville s'est livré pendant plusieurs années. Les caisses de livres affluaient à son domicile de la rue Tour-Notre-Dame. Il avait une fidèle domestique qui était chargée de les recevoir et de les classer. Les anciens du patronage n'ont pas oublié « Victorine » qui avait, entre beaucoup de qualités, celle infiniment précieuse, en l'espèce, de n'avoir jamais su lire. Cette heureuse ignorance réjouissait M. de Préville et lui permettait d'avoir pleine confiance dans le concours qu'apportait « Victorine » à l'œuvre dont nous parlons.

Ce fut aussi à la rue de Lille, que l'abbé de Préville travailla avec une particulière insistance, à inculquer à ses enfants l'esprit d'économie. Ceci paraît, au premier abord, sortir du champ des œuvres de jeunesse ; mais, si l'on veut bien y réfléchir, on verra qu'il y a là un puissant moyen de s'attacher les enfants, en les formant à la vie pratique. Pendant son séjour à Paris, M. de Préville avait été souvent frappé de voir plusieurs enfants des patronages arriver à de belles positions dans le commerce, même à posséder des magasins magnifiques, grâce à leurs économies. Il les avait connus, et il citait leurs noms. Son désir était de former ses jeunes enfants aux mêmes habitudes. Aussi revenait-il fréquemment sur ce sujet auquel il donnait de l'importance.

De cette idée sont nées deux œuvres qui ont été longtemps en vigueur au patronage : la vente d'objets utiles achetés avec des jetons de présence, et la caisse d'épargne. Nous avons déjà dit un mot de la vente, à propos de la rue Désille. M. de Préville, par ce moyen, voulait attirer les enfants à lui, en mêlant l'agréable à l'utile. C'est le meilleur moyen de réussir en beaucoup de choses. Après chaque séance, il donnait un jeton à chacun des membres présents : les enfants l'emportaient précieusement et l'ajoutaient aux autres, jusqu'au jour désiré de la vente. M. de Préville s'attachait à distribuer des objets de ménage qui réjouissaient les mères autant que les fils. Parfois, sage précaution, la vente était coupée par une belle « histoire » qui contribuait à rendre cette séance vraiment intéressante pour tous. Aussi, le jour venu, la porte de la salle ne s'ouvrait pas assez vite, au gré des impatients acheteurs. M. de Préville tenait beaucoup à « ce petit moyen ». A la fin d'une séance qui avait particulièrement réussi, il écrivait dans ses notes ces mots touchants : « Augmentez, ô mon bon Sauveur, l'intérêt de ce petit moyen, et permettez-moi de m'en servir pour garder ces enfants près de moi et vous les donner, en leur apprenant combien votre joug est doux et votre fardeau léger. »

Si, dans le nombre des acheteurs, se trouvait par hasard, un enfant plus fortuné, n'ayant nul besoin des objets vendus, le bon directeur de l'œuvre l'excitait à les abandonner en faveur de ses pauvres. « Au milieu de mille autres choses, écrit-il dans son journal, j'ai raconté, ce soir, l'histoire de cet enfant de Paris, qui, dans une vente, employa tous ses bons points pour acheter une paire de galoches à un pauvre petit nouveau, qui, n'ayant pas de jetons, lançait des regards d'envie sur cette bonne paire de chaussures. » C'est ainsi que M. de Préville développait les nobles sentiments dans le cœur de ses enfants.

Quant à la caisse d'épargne il l'installa également dans son œuvre, dès le début. Il en confia la direction à un de ses meilleurs amis, catholique dévoué à toutes les bonnes causes, qui s'acquitta toujours très parfaitement de sa tâche charitable. De fortes primes étaient accordées aux déposants ; aussi, si nous en croyons les vieux registres que nous avons sous les yeux, la caisse d'épargne eut de nombreux amateurs, au patronage (1).

Ainsi se complétait, peu à peu, visiblement bénie

(1) Transcrivons ici, à titre de document, le règlement de cette œuvre de bienfaisance.

Art. 1er. — La Caisse d'épargne est instituée pour faire contracter aux enfants l'habitude de l'économie et leur créer un capital dont ils auront besoin.

Art. 2. — Cette caisse se compose de trois sortes de fonds : les dépôts, les primes et les récompenses.

Art. 3. — Les petites sommes que l'enfant met à la caisse forment le dépôt. On reçoit les dépôts les plus faibles

Art. 4. — Quand les dépôts atteignent un franc, il est accordé une prime de 0 fr. 25. Pour les francs suivants, la prime n'est que de 0 fr. 10, jusqu'à ce que l'enfant ait atteint, par ses dépôts, primes et récompenses comprises, la somme nécessaire pour acheter un titre de 3 francs de rentes. Passé ce chiffre, la prime accordée est de 0 fr. 05 par franc.

Les fractions de franc ne sont pas susceptibles de primes.

Art. 5. — Les récompenses consistent en petites sommes accordées aux enfants qui les méritent.

Art. 6. — Chaque enfant aura sur le registre son doit et son avoir.

Art. 7. — Les primes et les récompenses ne sont acquises à l'enfant qu'à l'âge de 18 ans ou quand ses dépôts atteignent le capital nécessaire pour acheter 3 francs de rentes.

Art. 8. — Aucune somme ne sera remise à l'enfant que sur l'avis du conseil.

Art. 9. — Quand l'enfant possédera, primes et récompenses comprises, le capital de 3 francs de rentes au cours du jour, la caisse lui fournira le titre, frais déduits.

Art. 10. — Le compte passif des enfants comprend : les carreaux cassés, les livres perdus, etc.

Art. 11. — L'enfant qui nous quitte sans cause légitime, ou qui est renvoyé, perd tous droits aux primes et récompenses. Dans ce cas, on remet à lui ou à ses parents les dépôts par lui effectués, déduction faite des sommes dues à l'œuvre.

Art. 12. — Les dépôts appartiennent en toute propriété aux titulaires. Quel que soit le motif de leur départ, ils leur seront restitués.

Art. 13. — Les primes et les récompenses perdues par les apprentis, déserteurs ou renvoyés, font retour à la masse commune.

Art. 14. — Cette masse commune servira à payer les primes et les récompenses des enfants fidèles.

Art. 15. — Plusieurs fois par an, il sera rendu compte de la caisse aux enfants, et lecture sera donnée du présent règlement.

de Dieu, l'œuvre si belle, entreprise par M. de Préville : local, chapelle, congrégation du Saint-Sacrement, bibliothèque, caisse d'épargne, nombreux enfants assidus aux séances du jeudi et du dimanche, elle avait tout cela ; mais dans la pensée du prêtre zélé qui la dirigeait, ce n'était pourtant qu'un commencement, ainsi que nous allons le voir dans les chapitres suivants.

CHAPITRE VI

Pendant que M. de Préville travaillait à fonder le patronage d'enfants dont l'installation avait été si laborieuse, comme nous l'avons vu, il mûrissait un autre projet, dans le but de compléter son œuvre de persévérance, celui d'y attirer aussi les jeunes gens des ateliers et des bureaux, le soir, après leur travail, et le dimanche, pour toute la journée.

La difficulté était de les rencontrer et de se mettre en rapport avec eux ; de plus, il était utile de les voir seuls, en tête-à-tête, afin que le respect humain n'empêchât point une grande partie du bien qu'on pouvait leur faire.

« Pauvres enfants, s'écriait M. de Préville après une première tentative, il leur faut quelqu'un qui veuille s'entretenir avec eux, leur faire l'aumône d'écouter leurs confidences, et de les aider, en les soutenant et en les encourageant. Je tâcherai de les attirer chez moi pour les voir plus librement et leur permettre de s'ouvrir, sans avoir à craindre les camarades et sans être forcés de redire aux autres ce qui se sera passé entre nous. »

L'abbé de Préville eut bientôt la bonne fortune d'entrer en connaissance avec un excellent jeune homme qui, non seulement, accepta de venir, de temps en temps, le voir, à son domicile de la rue Tour-Notre-Dame, mais qui avait encore le désir de faire de l'apostolat auprès de ses camarades. Membre de la conférence de Saint-Vincent de Paul, il avait pris, comme tant d'autres, dans cette association, l'intelligence et le goût du zèle fraternel ; mais se trouvant isolé par défaut d'une direction et par manque d'un centre de réunion, ses efforts, bien louables, n'étaient que bien faiblement récompensés.

C'est avec lui que M. de Préville commença son œuvre des « grands », au mois d'avril 1873. Quelques jours plus tard, deux autres jeunes gens, puis deux autres encore, que l'infatigable direc-teur avait eu la joie de rencontrer, formèrent le premier noyau de la réunion qu'il projetait. Laissons-le nous raconter lui-même ce début si inté-ressant de l'association des « grands » :

« Mes soirées furent bientôt absorbées par quelques jeunes gens dont Notre-Seigneur m'avait fait faire la connaissance de différentes manières. Je cessai alors de m'occuper de l'orphelinat pour soigner de près ces nouveaux venus.

« Un soir, ils se trouvèrent réunis chez moi, au nombre de cinq, attirés désormais par la perspective de se rencontrer les uns les autres, et par le plaisir de se livrer ensemble aux jeux que comportait ma maison, c'est-à-dire une installation de vicaire ou à peu près.

« A la première ouverture que je leur fis de se grouper autour de moi et de former ainsi le premier noyau d'une association que j'espérais voir prospérer, le plus sérieux me répondit : « Il ne faut pas vous attendre, Monsieur, à nous voir nombreux chez vous ; vous pouvez chercher, où et comme vous voudrez ; si vous trouvez dix jeunes gens dans la ville entière, ce sera beau. »

C'était une déclaration peu encourageante, assurément ; mais nous le savons déjà, M. de Préville ne cherchait pas le nombre avant tout. Il voyait, au contraire, dans ce modeste début, un gage de succès pour l'avenir. Et ce qu'il pensait, il le disait, même à ces jeunes gens, qui, dès la première séance, paraissaient un peu découragés, à la vue de leur petit nombre. « Vous n'êtes pas nombreux, tant mieux,

parce que, parmi vous, il n'y aura que d'honnêtes et généreux garçons. »

Malgré cette résignation, M. de Préville ne se reposait pas. Dans ses promenades à travers la ville, dans ses relations, dans les visites qu'il faisait aux parents de ses enfants, partout, il cherchait à se mettre en rapport avec de jeunes apprentis ou de jeunes employés de bureau. Toujours Dieu bénissait ses efforts. « Hier encore, dit-il, dans ses notes quotidiennes (c'était au commencement de juin 1873), hier encore j'ai constaté que chaque fois que je fais un effort sur moi-même pour courir après quelque brebis, j'en suis récompensé non pas précisément par une satisfaction qui vient du résultat obtenu, puisque jusqu'ici je n'ai guère obtenu de résultats, mais par le sentiment si consolant du devoir accompli. »

L'humble directeur savait bien, du reste, puiser à sa vraie source le zèle apostolique. Ce n'était pas sur lui-même qu'il s'appuyait, mais sur Dieu, qu'il appelait sans cesse à son secours, avant même de commencer toute démarche. Ses notes présentent, sur ce sujet, un caractère fort touchant. Nous en détachons quelques extraits, pour montrer en M. de Préville l'homme de la prière et du sacrifice. « J'espère voir prochainement deux jeunes gens que j'ai rencontrés. Bénissez alors mes paroles, ô mon Dieu ! Bénissez leur démarche et inspirez-leur comme récompense le désir de se donner aux pauvres et aux enfants. Que votre volonté soit faite ! »

Et le lendemain 24 juin : « J'ai reçu le jeune P. et son ami D. ; ils ont, je crois, ce qu'il faut pour former un petit noyau qui pourra devenir un arbre. Merci, ô mon Dieu, de leur avoir donné cette bonne simplicité et cette amicale franchise avec moi. Que dois-je faire pour n'être point un obstacle à vos desseins sur eux et sur moi? —Que je me mortifie? Mon bon Sauveur, je vais essayer d'en avoir le courage. Vous voulez que je souffre et que j'expie pour ceux qui ne veulent ni souffrir ni expier ; me voici, Seigneur, bénissez-moi seulement, et donnez-moi force et courage. »

De beaux exemples excitaient encore M. de Préville à ne pas s'arrêter en chemin. Il avait eu l'occasion de visiter, à Calais, une œuvre ouvrière, dirigée par un prêtre de grand zèle, et alors en pleine prospérité. Un tel spectacle l'avait fortement encouragé.

Quelques jours plus tard, se trouvant à Paris, il assistait à une réunion de l'œuvre des Cercles, d'où il rapportait les plus consolantes impressions. « Mon séjour à Paris, écrivait-il en sortant de cette assemblée, m'a fait plaisir et m'a encouragé. On est heureux d'entendre des officiers s'exprimer avec cette foi ; et ces sentiments si chrétiens sont une garantie de la direction qu'ils s'efforceront d'imprimer. Oui, on peut espérer du salut d'un pays, quand on voit la classe dirigeante prendre ces œuvres à cœur et les mener haut, sans crainte du respect humain. Courage donc, nous aussi, faisons un petit effort, et montons quelque chose. Dieu y aidera. »

Cependant, M. de Préville pouvait déjà constater avec joie la fidélité de ses quelques jeunes gens. Chaque soir, ils venaient à son domicile de la rue Tour-Notre-Dame : sa grande amabilité les y attirait et les attachait à l'œuvre qui se développait lentement, mais sûrement. Sa maison tout entière leur appartenait. Dans le début des réunions, ils se groupaient à l'étage, dans le bureau même de l'abbé de Préville ; mais bientôt cette pièce ne convenant plus à cause de son exiguïté, ils envahirent le rez-de-chaussée, se composant de deux salles, qui se réunissaient à volonté et qui présentaient ainsi plus d'espace à leurs ébats entraînants. Chose assez curieuse et qu'il faut remarquer pour sa rareté, « Victorine » ne se plaignait pas ! même elle aimait ce tapage ; sans le savoir, elle se faisait disciple de M. Allemand qui a appelé, un jour, tout ce bruit des œuvres de jeunesse « un saint tapage ».

L'œuvre de Dieu se faisait ainsi, grâce au zèle de M. de Préville, à la rue de Lille et à la rue Tour-Notre-Dame, au milieu des petits écoliers, comme au sein des apprentis.

A peine notre saint prêtre eut-il groupé son premier noyau de grands jeunes gens, qu'il médita un nouveau moyen d'affermir son travail heureusement commencé, en faisant d'eux, autant de collaborateurs auprès des enfants de son patronage.

Rien n'attache un jeune homme au bien comme de lui donner une part d'action dans une œuvre. Plus d'une fois sans doute M. de Préville avait exprimé à ses aînés ses idées sur ce point, car voici ce qu'il écrivait le 19 juillet 1873, jour de la fête de saint Vincent de Paul : « Je ne perds pas de vue que je dois faire entrer mes collaborateurs dans mes desseins. J'aurai donc à fixer un jour et une heure bien déterminés, pour causer tranquillement de notre œuvre et échanger nos idées sur nos enfants. Nous commencerons toujours et nous terminerons ces conseils par la prière, afin d'attirer sur nous les lumières et les grâces de Dieu. Protégez-moi, Seigneur. » En même temps, sa pensée se reportait vers M. Allemand, qu'il considérait comme son modèle et qu'il invoquait comme un saint : « Monsieur Allemand, obtenez-moi le courage nécessaire pour calquer mon œuvre sur la vôtre, et mériter, de cette manière, de faire des chrétiens et des hommes de cœur. Aidez aussi tous ces courages épars qui ne désirent que se consacrer au bien, mais qui ne savent comment s'y prendre. Aidez-nous tous et veillez sur nos enfants, Monsieur Allemand, priez pour nous. »

Quatre jours après cette résolution, l'abbé de Préville réunit pour la première fois, ce que nous appellerons désormais avec lui « le conseil du patronage ». Il nous a laissé dans son journal ses impressions sur cette séance d'inauguration. « Aujourd'hui, mercredi, 23 juillet, première séance du conseil du patronage. Très bonne. J'ai exposé à ces messieurs diverses idées générales sur les jeux, jeux dans la cour, jeux dans la salle, sur la manière de surveiller les enfants et de causer avec ceux qui sont isolés et sans goût pour le jeu. — Je leur ai parlé ensuite de la grande utilité de nos réunions, pour eux-mêmes et pour l'œuvre. — Enfin je leur ai demandé — puisqu'ils sont sept — de vouloir bien prendre chacun, un jour de la semaine pour prier en faveur du patronage ; ce qu'ils ont adopté à l'unanimité. Après la prière on s'est séparé. »

De telles réunions qui se répétaient chaque se-

maine, le mercredi, firent bientôt de ces sept auxiliaires autant d'apôtres véritables. M. de Préville
leur demanda de l'accompagner, chaque dimanche,
à la rue de Lille, au patronage des enfants. Ils
commencèrent aussitôt à mettre en pratique les
conseils de dévouement et de zèle qu'il leur avait
donnés. Les uns furent chargés de la caisse d'épargne, les autres de la bibliothèque, un autre du chant
à préparer pour la chapelle, tous eurent la mission
d'entretenir dans l'œuvre, l'entrain, le bon esprit,
la charité, et d'attacher ainsi les écoliers au patronage. Précieux concours qui produisait, en effet,
le double résultat entrevu et cherché par M. de
Préville, celui de se faire aider et celui, infiniment
préférable à ses yeux, de lancer dans le bien ses
grands jeunes gens.

CHAPITRE VII

*Encore une déception pour le Local. — Grands Pèlerinages
à Notre-Dame de Boulogne. — Le Rempart et la Grand'
Route. — Conférence de Saint-Vincent-de-Paul. — Le
« Compagnon de Route ». — Le « Bureau ».*

M. de Préville avait le droit de se réjouir, devant
Dieu, des succès qu'il obtenait. Tous ses enfants,
grands et petits, comblaient les vœux de son zèle,
par leur assiduité et leurs heureuses dispositions.
Son œuvre se dessinait et semblait avoir pour elle
les bénédictions de Notre-Seigneur.

Aussi, pouvait-il consigner dans son journal,
le soir du 7 août 1873, l'expression de sa joie :
« Tout marche bien, dit-il, je suis on ne peut plus
satisfait. Deux messieurs d'Orléans font des frais
d'éloquence. Jeanne d'Arc revit dans une courte
mais patriotique histoire, si bien qu'en sortant,
les enfants demandent une statue de l'héroïne. »
En voyant tous ces enfants groupés autour de lui,
M. de Préville pensa que le moment était venu de
travailler à la conversion de leurs pères. La fête
de l'Assomption était proche ; les deux prêtres
orléanais, qui charmaient le patronage de leurs récits patriotiques, lui donneraient un utile concours ;

pourquoi ne tenterait-il pas, en faveur de ses enfants et de leurs pères, une retraite préparatoire à la solennité du 15 août? Pour M. de Préville, entrevoir le bien, c'était immédiatement agir et essayer.

Déjà donc, il travaillait dans ce sens, lorsqu'une amère déception se mit à la traverse de son projet. Ecoutons-le nous raconter lui-même ce contretemps : « Nous n'avons plus de local. M. le Curé de Notre-Dame en a besoin pour recevoir les pèlerins ecclésiastiques. Je pensais profiter du séjour de ces messieurs d'Orléans pour donner une retraite préparatoire à la fête de l'Assomption.

« J'avais invité les pères de nos enfants à y prendre part. Le moment n'est pas encore venu, sans doute. Peut-être aussi ai-je arrêté la grâce de Dieu, toute prête à inonder ces enfants, par mon peu de dévotion et mon manque de zèle.

« Je pensais aussi en profiter pour confesser ceux de mes enfants qui auraient voulu s'adresser à moi ; mais encore en ceci j'ai été déçu : *fiat voluntas tua !* »

Que faut-il admirer le plus, en cette circonstance, du zèle ardent ou de la profonde humilité de M. de Préville?

Pour bien comprendre ce qui précède, on doit

savoir que l'ancien petit séminaire, dans lequel l'abbé de Préville avait réfugié son œuvre, dépendait de l'église Notre-Dame de Boulogne, à laquelle il était adossé. Mgr Haffreingue, le restaurateur du culte de la célèbre Madone, avait donné une telle impulsion aux pèlerinages de Notre-Dame que chaque année, au mois d'août, les fidèles venaient par milliers, non seulement de la France, mais même de l'étranger, prier dans l'auguste sanctuaire.

Nous rappellerons seulement certains grands pèlerinages parisiens et anglais que la ville de Boulogne n'a pas oubliés.

Or, Mgr Haffreingue, toujours désireux de faciliter ce qui était de nature à honorer la Sainte Vierge, offrit gracieusement l'hospitalité aux prêtres étrangers qui amenaient des pèlerins à Notre-Dame. Pendant plusieurs semaines, le grand collège et la division du séminaire ne désemplissaient pas. Ces généreuses traditions furent continuées après la mort du vénéré prélat, par le clergé chargé du culte de Notre-Dame de Boulogne, jusqu'au jour néfaste où furent supprimées ces grandioses et pacifiques manifestations.

C'est ce qui explique comment l'abbé de Préville, au mois d'août 1873, se vit obligé de quitter la rue de Lille. Il annonça à ses enfants que la prochaine réunion aurait lieu en partie chez sa mère, dans sa maison du Parvis-Notre-Dame, en partie sur le rempart de la Haute-Ville. « C'est là, leur dit-il, que, faute de mieux, nous essaierons de prendre nos ébats. » C'est là, en effet, que durant plusieurs semaines, les enfants du patronage se rencontrèrent, sous la conduite de M. de Préville et de quelques jeunes gens du conseil. Au commencement de la première récréation, il y eut bien quelque hésitation, nous disent les procès-verbaux de l'œuvre, mais on ne tarda pas à reconquérir, dans une partie de barres, l'entrain et l'enthousiasme de la rue de Lille.

Quand, les pèlerinages terminés, M. de Préville put rentrer dans le local ordinaire de l'œuvre, il retrouva tous ses enfants, peut-être légèrement désemparés par suite des modifications des semaines précédentes, mais, en réalité, toujours bien disposés comme par le passé.

Pendant que le patronage des enfants était soumis à cette légère épreuve, les réunions des grands se continuaient toujours, rue Tour-Notre-Dame. Les premiers venus restaient fidèles, l'œuvre faisait quelques conquêtes, de sorte que le petit noyau se développait chaque jour. M. de Préville trouva bientôt un nouveau moyen de faire avancer dans le bien ses jeunes gens en faisant d'eux, au dehors de l'œuvre, des apôtres des pauvres, comme il en avait fait à l'intérieur, des apôtres auprès des écoliers. Il fonda parmi eux une conférence de Saint-Vincent de Paul, qui reçut momentanément le nom de conférence Saint-Michel. L'œuvre de M. de Préville n'avait pas encore été baptisée du nom si touchant sous lequel on l'a connue depuis.

C'est le souvenir des œuvres de Paris qui décida l'abbé de Préville à tenter ce nouveau projet de bien. « J'avais apprécié à Paris, dit-il, combien ces réunions de charité avaient fait de bien à mes amis et à moi-même ; aussi, je n'aurais pas voulu priver mes enfants d'un secours si précieux. Un jour donc, que j'avais quelques grands près de moi, je leur communiquai ma pensée sur ce point, et je les convoquai à la messe que je dirais le lendemain à Notre-Dame, pour le succès de notre projet. Six hommes de bonne volonté répondirent à mon appel. Le lendemain, je disais la messe à Notre-Dame, à cette intention, et le soir nous commencions nos réunions qui se sont toujours continuées depuis. »

En 1881, c'est-à-dire huit ans après sa fondation, cette modeste conférence du patronage visitait trente familles pauvres dans le quartier des

marins. Aujourd'hui, elle en visite plus de cinquante. C'est assez dire qu'elle réalise admirablement les charitables desseins de son fondateur.
Quant à calculer le bien, plus précieux encore,
peut-être, qu'elle a produit chez les jeunes gens
de l'œuvre, personne ne saurait le faire.

Voici ce que M. de Préville écrivait après la première séance de la conférence. Il était impossible
qu'une telle humilité ne fût pas récompensée !
« Nous venons, dit-il, d'organiser et de tenir la
première séance de la conférence Saint-Michel. La
messe nous avait réunis le matin dans une communion presque générale. Bénissez ces faibles com-
mencements, ô mon bon Jésus ! que ce ne soit pas
moi que je cherche, mais bien le développement de
votre règne et la sanctification de votre nom.
Dirigez-moi ; inspirez-moi la direction que je puis
et que je dois donner à ces enfants. Et maintenant,
ô mon Dieu, faites votre œuvre ; c'est à vous de
donner l'accroissement ; moi, j'ai planté, j'ai arrosé,
je vais continuer à arroser ces jeunes plantes ; vous,
donnez-lui le développement qu'elle comporte :
Ecce ego, Domine, quid me vis facere? »

Deux mois après, vers la fin de novembre, l'humble conférence était affiliée à l'œuvre centrale.
M. de Préville, en consignant cet événement dans

son journal, pouvait remercier Dieu des progrès si consolants de son entreprise : « Nous sommes maintenant douze membres, dans notre conférence. Quel bonheur de se sentir unis, et par conséquent, forts pour lutter contre le mal ! Comme il est édifiant de se rendre compte des efforts de ces enfants et de voir à quels assauts ils doivent résister pour demeurer honnêtes et pratiquants !

« Bénissez leur courage, ô mon Sauveur ; animez leur zèle, et dirigez leurs efforts vers vous et vers les âmes de leurs frères qui se perdent. »

En signalant les assauts que ses enfants devaient livrer contre le mal, pour se conserver purs et vertueux, M. de Préville parlait en toute connaissance de cause. Son zèle ardent, sa grande charité lui avaient peu à peu gagné la confiance de tous ses jeunes gens. Bientôt leur cœur n'eut plus de secrets pour lui. Il connaissait les moindres détails de leur vie ; c'était un véritable père au milieu de ses enfants. Un jour, dans une causerie intime, il releva le courage de l'un d'eux, qui, tracassé par une administration étroite, voulait se retirer dans sa famille pour y vivre tranquillement. « Si vous n'êtes pas où le bon Dieu vous veut, lui dit-il, vous aurez double croix à porter. »

Une autre fois, à l'un de ses jeunes gens, orphelin de quelques jours, il donna son chapelet auquel il tenait beaucoup. « C'était, dit-il, mon vieux compagnon de route, qui ne m'avait jamais quitté, ni à l'école de droit, ni au séminaire, ni depuis... »

Quand il se fut ainsi rendu maître des cœurs, M. de Préville commença à entendre les confessions. Ses jeunes gens le trouvaient toujours disposé à les écouter ; mais le samedi soir surtout, il se tenait dans sa chambre pour le ministère de la direction des consciences.

Pour employer une expression qui, depuis, a fait fortune dans l'œuvre, c'était l'heure du « bureau ». On voyait alors les membres de la réunion quitter, l'un après l'autre, les jeux d'en bas et monter dans la chambre ou « bureau » du directeur, en vue de s'y préparer à la communion du lendemain.

Telle est la tradition qui, depuis trente-cinq ans se continue à l'œuvre de M. de Préville. Le samedi soir, ou le dimanche matin de chaque semaine, on peut voir dans le cabinet du directeur quelque jeune homme désireux de se réconcilier avec Dieu et de reprendre courage pour les luttes de la vertu. Cette direction sérieuse et paternelle sera, jusqu'à la fin, la force principale du patronage. Pourquoi toutes les œuvres de jeunesse ne mettraient-elles pas en vigueur ces saints usages?

CHAPITRE VIII

*La journée du Dimanche. — A quinze ans. — Visite épisco-
pale. — Actions de grâces à la fin de la première année.
Baptême de l'Œuvre. — 1874. — La Bannière de Notre-
Dame des Apprentis. — Grande Procession de Notre-
Dame.*

Si l'on a voulu lire attentivement ce qui précède,
il est facile de se rendre compte de ce que M. de
Préville a dû dépenser d'activité, de zèle, de ressources de tout genre, pour mener à un tel point
de prospérité, en moins d'une année, l'œuvre que
nous essayons de raconter. Il était de ceux qui de-
vinent le bien à faire, et qui travaillent à le réaliser,
quand ils l'ont deviné.

Nous avons séparé, dans notre récit, l'œuvre
des grands et le patronage des enfants ; mais, en
réalité, M. de Préville s'occupait, en même temps,
de ces deux œuvres sans se laisser arrêter par
aucun obstacle.

Du reste, ces deux réunions avaient plusieurs
points de rencontre, le dimanche surtout. Les
offices groupaient dans la même chapelle, petits et
grands ; les récréations se prenaient dans l'unique cour de l'œuvre et donnaient ainsi, aux plus

âgés, l'occasion d'exercer leur zèle fraternel vis-à-vis des plus jeunes.

Quand M. de Préville se sentit bien maître de ces éléments divers, il pensa que le moment était venu de donner à la journée du dimanche un règlement définitif. L'essentiel était de bien remplir toutes les heures que l'on passait à l'œuvre. Il en fit trois parts, une pour la piété, une pour le jeu, une pour l'avantage professionnel de ses enfants. Voici, du reste, ce règlement que nous retrouvons dans le journal du zélé directeur :

A 8 heures, messe, instruction et communion.

A 9 heures, déjeuner.

A 9 h. ½, jeux divers.

De 11 heures à midi, cours d'anglais et classe de dessin.

C'est ce que nous avons appelé la partie « professionnelle ».

Dans une ville commerçante telle que Boulogne, c'était rendre aux jeunes gens un service signalé que de leur procurer de telles ressources. Ceux-ci le comprenaient bien en se faisant un devoir d'assister à ces cours facultatifs, qui avaient encore lieu plusieurs fois dans la semaine, au moins pour la langue anglaise.

A midi, dîner, dans la famille.

A 1 heure, ouverture de l'œuvre et récréation jusqu'à trois heures.

A 3 heures, musique et préparation de chants pour la chapelle.

A 4 heures, vêpres et salut.

A 5 heures, caisse d'épargne et bibliothèque.

A 5 h. ½, histoire racontée aux enfants.

A 6 heures, récréation.

A 6 h. ½, instruction, chapelet et prière.

Pour faire face à des devoirs aussi variés, M. de Préville avait trouvé parmi ses amis, parmi les grands de l'œuvre, et dans sa famille elle-même, des auxiliaires dévoués. Déjà dans un précédent chapitre, nous avons dit le parti qu'il savait tirer de ses jeunes gens ; d'autres concours lui furent également offerts qu'il accepta avec reconnaissance. Comment aurait-il pu remplir, à lui seul, un tel programme?

Au soir d'une de ces journées accablantes, il remerciait Dieu des nombreux secours qu'on lui apportait : « Merci, ô mon Dieu, qui me gâtez de cette sorte. Vous semez les roses sous mes pas, au milieu des épines inséparables de toutes ces organisations. Donnez-moi seulement ce que je n'ai pas, ô mon bon Sauveur : l'amour de votre adorable Sacrement. O Jésus-Hostie, ayez pitié de ma misère ! »

Ce règlement n'a guère varié depuis plus de vingt ans. Des besoins nouveaux ont bien nécessité quelques modifications sans importance ; mais le fond est resté le même jusqu'à ce jour.

De temps en temps, l'après-midi du dimanche, M. de Préville conduisait ses jeunes gens à la campagne, dans une église de village, où l'on chantait l'office des vêpres, à la grande édification des assistants et généralement à la grande joie du pasteur. Nous disons « généralement » car les meilleures intentions sont quelquefois dénaturées, témoin l'attitude de cet excellent curé d'une paroisse des environs de Boulogne qui, un beau jour d'été, voyant entrer dans son église une dizaine de jeunes gens du patronage crut avoir affaire à des « chenapans », pour employer son expression. Mais la bonne tenue de ces « chenapans » du bon Dieu, et surtout la vue des chapelets qu'ils sortirent aussitôt de leurs poches finirent par le rassurer complètement.

Nous avons vu que tous les membres de l'œuvre quittaient le patronage à six heures et demie, pour le repas du soir ; mais nous devons faire remarquer que les plus grands revenaient passer le reste de la journée dans la maison même de M. de Préville. C'était à l'âge de quinze ans que les enfants étaient admis à partager la soirée des « grands ».L'expérimenté directeur avait mûrement réfléchi avant de s'arrêter à cet âge. Dans d'autres villes, et dans plusieurs œuvres de Paris, il faut avoir seize ans pour jouir de ce privilège si convoité. M. de Préville trouvait des inconvénients à retarder trop longtemps l'admission dans la section des plus âgés. J'avais remarqué, dit-il, qu'à Saint-Charles beaucoup d'enfants se décourageaient avant de pouvoir prétendre entrer dans la section des jeunes ouvriers ; et, depuis, j'ai constaté qu'il est pénible à des enfants qu'une circonstance fait entrer de bonne heure dans un atelier ou dans un bureau, de se voir, au patronage, encore traités comme des écoliers, quand déjà dans les rues, et surtout chez eux, ils tranchent du commis ou de l'ouvrier. Je me suis toujours, depuis, applaudi de cette mesure. »

En se livrant à toutes ces organisations extérieures, M. de Préville ne perdait pas de vue la vraie vie d'une œuvre, nous voulons dire la vie surnaturelle. « De plus en plus, écrivait-il le 3 novembre 1873, je ne crois le patronage possible et facile que par un complet épanouissement de la vie chrétienne. » Aussi, attachait-il la plus grande importance à sa petite congrégation du Saint-Sacement, laquelle se développait chaque jour et répandait son heureuse influence sur l'œuvre tout entière.

Pour lui donner encore plus de vitalité, M. de Préville imagina d'affilier cette Garde d'honneur à la Congrégation des Pères du Très-Saint-Sacrement. Ses enfants accueillirent la nouvelle avec bonheur : « J'annonce aujourd'hui aux enfants, dit-il, que j'ai écrit aux Révérends Pères du Très-Saint-Sacrement pour leur demander de vouloir bien nous permettre de profiter de leurs mérites et de leurs bonnes œuvres, et leur joie a été facile à saisir. J'ai rappelé l'obligation de charité que je leur impose à l'égard des nouveaux. J'ai terminé par la lecture de quelques traits d'apostolat exercé par les enfants des patronages de Paris, et j'ai stimulé leur zèle pour obtenir d'eux un effet dans ce sens. C'est de ce côté que se déploieront tous mes efforts : les faire sortir un peu de leur égoïsme pour leur apprendre à faire la charité et à penser aux autres. »

Puis, constatant avec bonheur les excellentes dispositions de ces petits apôtres du tabernacle et de la charité, M. de Préville en remerciait Dieu : « Pour rien au monde je ne voudrais, ô mon Dieu, sacrifier cette petite réunion de la Garde d'honneur; ils sont si bien disposés, ces chers petits enfants !

Il me semble que s'il ne deviennent pas bons, ce sera par ma faute. S'ils ne vous aiment pas, c'est que moi-même, je n'aurai pas su vous peindre en termes assez brûlants, c'est que je n'aurai pas su puiser, au saint Tabernacle, ce feu qui doit les embraser. O mon Jésus, je vous offre mon impuissance. Je vous demande pardon de m'être chargé d'une œuvre où il faudrait tant d'amour pour vous, et j'en ai si peu ! »

M. de Préville fut encore vivement encouragé par la visite de Mgr l'Evêque d'Arras, dont la paternelle bonté ne lui fit jamais défaut. Tous les membres de l'œuvre en ressentirent une grande joie, ainsi qu'il le dit dans ses notes : « Monseigneur est venu bénir mes enfants. Il leur a recommandé de faire autour d'eux la propagande et d'amener ici beaucoup de petits camarades. En même temps, Monseigneur a paru très satisfait d'apprendre les résultats obtenus par l'association du Très-Saint-Sacrement. Sa visite a charmé tous nos enfants. »

Ce fut au milieu de ces joies et de ces bénédictions qu'on célébra, à la rue de Lille, la première fête de Noël, avec sa belle messe de minuit et ses nombreuses communions, et que se termina l'année 1873.

Avant de commencer une nouvelle étape, le pieux directeur jeta un regard sur le passé. Il put remarquer avec joie les bons résultats de ses efforts et la prospérité toujours croissante de sa chère œuvre. Le patronage comptait de 50 à 60 enfants ; la réunion des grands de 15 à 20 membres ; la confrérie du Saint-Sacrement 15 associés. Pendant six mois, les bibliothécaires avaient distribué 638 volumes ; la caisse d'épargne avait reçu de 84 déposants la somme de 275 francs ; c'était un magnifique succès dont il fallait remercier le bon Dieu. M. de Préville ne manqua point à ce devoir de la reconnaissance ; il offrit, à cette intention, le saint sacrifice de la messe, et les membres du conseil firent la communion pour ce même objet.

Cependant, cette œuvre, désormais sortie de l'enfance, n'avait pas encore son nom spécial et définitif. Il fallait la baptiser. L'humilité de M. de Préville ne pouvait supporter plus longtemps de l'entendre appeler de son propre nom ; car c'était bien ainsi que le public désignait cette œuvre ; pour tous, c'était le « patronage de M. de Préville ». Or, voici comment fut trouvé, par le pieux fondateur, le nom sous lequel l'œuvre est désignée depuis.

L'abbé de Préville avait une dévotion toute

filiale pour Notre-Dame de Boulogne. Il n'entreprenait rien sans l'avoir longtemps priée. Plusieurs fois le jour, il se rendait à son célèbre sanctuaire ; il y conduisait les amis étrangers qui venaient le voir, en un mot, il avait en Marie une véritable confiance d'enfant.

Parmi tous les titres que la piété a décernés à la miraculeuse madone, il en est un que M. de Préville affectionnait particulièrement, celui-là même que Mgr Haffreingue a fait graver en lettres d'or au chevet du sanctuaire : *Patrona nostra singularis*. Ce fut cette invocation qui le guida dans le choix d'un nom destiné à son œuvre de jeunesse.

« Mes enfants, dit M. de Préville à la Sainte Vierge, sont des apprentis, et puisque vous êtes leur patronne très spéciale, je vous appellerai, si vous le voulez bien, Notre-Dame des Apprentis. Je cherchai, nous raconte encore le saint fondateur, une traduction qui pût signifier quelque chose à l'esprit de mes enfants, et je n'en trouvai pas de meilleure que celle dont nous avons fait notre nom. Et pour bien leur faire comprendre que je ne voulais rien changer à une dévotion qui leur était si chère, je fis l'achat d'une bannière, sur laquelle on représenta exactement Notre-Dame de Boulogne avec son bateau conduit par deux anges, en ayant pris soin d'y faire graver la nouvelle traduction que j'avais donnée à son titre : « Notre-Dame des Apprentis. » Désormais, l'œuvre de M. de Préville appartiendra à la Vierge Marie et à son divin Fils.

On touchait au mois de mai : le pieux directeur s'empressa de grouper, autour de l'image de Marie, ses enfants bien-aimés. « Le mois de Marie, écrit-il dans son journal, réunit chaque soir les enfants dans la chapelle du patronage. « Le *Petit Mois de Marie des enfants* par Mgr de Ségur les intéresse vivement ; il me sert aussi de thème à développements pour un certain nombre de points qui n'y sont guère traités, mais qui trouvent très facilement leur place dans une glose. »

Après le mois de Marie, ce fut celui du Sacré-Cœur, avec des exercices et des réunions du même genre. M. de Préville tenait essentiellement à ces pratiques pieuses, qui lui donnaient l'occasion de se mettre en rapport avec ces âmes d'enfants, dont il voulait la sanctification et auxquelles il avait voué sa vie.

Cependant, l'heure était venue de montrer en public cette œuvre dont on parlait déjà beaucoup, sans bien la connaître. Quand l'époque des pèlerinages à Notre-Dame de Boulogne fut arrivée, M. de Préville conduisit ses enfants au vénéré sanc-

tuaire. C'était au matin du même jour de l'Assomption ; avec quel bonheur notre saint prêtre consa-
cra à Marie ces fils de son dévouement ! « Ce matin, écrit-il dans ses notes, pèlerinage de toute l'œuvre, grands et petits, à Notre-Dame. Ils étaient
presque au complet, et j'ai eu le bonheur de leur
donner à tous le Pain des anges. Ils étaient tous
heureux et tous fiers de se sentir si nombreux ! *Si
Deus pro nobis, quis contra nos !*

« Développez, ô bon Jésus, ce tendre germe ;
soignez-le vous-même, éloignez-en, je vous en con-
jure, le souffle qui voudrait le ternir. Ces pauvres
enfants ! Je vous les ai offerts en ce jour ; je vous
les confie de nouveau par les mains de Marie, notre
bonne mère . »

Huit jours plus tard, à la cérémonie grandiose
de la procession annuelle en l'honneur de Notre-
Dame, on put admirer M. de Préville à la tête de
tous ses enfants. C'est en cette circonstance solennelle que la bannière de l'œuvre reçut le baptême.
Autour d'elle s'étaient groupés, sans crainte de railleries, de nombreux apprentis. Pendant la procession
qui durait toujours près de trois heures, ils chantè-
rent des cantiques et récitèrent le chapelet, ac-
compagnant sans faiblir le drapeau dont on leur
avait confié la garde ; véritable victoire remportée

sur le respect humain ! M. de Préville l'a enregistrée dans son journal, en remerciant la Vierge, Marie d'un tel succès et en la priant de continuer à bénir ses généreux enfants. « Bénissez leur courage, bonne Mère ; bénissez-les, je vous en prie, et bénissez-moi aussi, moi que vous avez mis à leur tête. »

L'effet produit sur la foule fut profond. En voyant ce prêtre de grande famille, connu de la ville entière, accompagner ces jeunes hommes, ouvriers et employés de bureau, prier et chanter avec eux, on se sentait pris d'admiration pour un tel dévouement et pour une œuvre qui inspirait une telle énergie chrétienne aux membres qui la composaient.

CHAPITRE IX

L'Œuvre quitte la rue de Lille. — Boulevard Eurvin. — Le
« Maitre de la Maison ». — Bénédiction de la Chapelle. —
Retraite du Carnaval.

L'époque à laquelle nous arrivons va nous faire assister au développement complet et à l'organisation définitive du patronage de Notre-Dame des Apprentis.

Au mois d'août 1874, c'est-à-dire au moment des pèlerinages de Notre-Dame de Boulogne, M. de Préville s'était vu de nouveau dans la nécessité de quitter le local qu'on lui avait prêté pour son œuvre. Ces changements, qui lui causaient beaucoup d'ennuis, pouvaient de plus nuire à la marche de son patronage.

Pour donner à son œuvre un avenir assuré, M. de Préville s'occupa de lui trouver un abri définitif. Son père, qui, nous le savons déjà, s'opposait à le voir fixer sa résidence en dehors de la Haute-Ville, lui acheta un vaste terrain situé sur le boulevard Eurvin, entre la rue du Cimetière et la porte Gayole. Aussitôt qu'il fut en possession de cette propriété, l'infatigable directeur se mit à la disposer pour l'usage auquel il la destinait. On était au mois de mai 1875.

Cette propriété consistait en un immense jardin que M. de Préville fit immédiatement raser, et en une petite maison, basse et humide, dont il se contenta pour ses appartements particuliers.

Il fallait donc construire, afin de compléter cet ensemble, insuffisant pour une œuvre de jeunesse.

Fidèle à son principe, M. de Préville commença par faire élever une chapelle dans le fond du jardin ; une simple chapelle en planches, d'un primitif absolu, mais où le bon Dieu voulut bien résider, comme le véritable maître d'une maison que le saint directeur de l'œuvre lui consacrait sans réserve, dès le début. Les réunions du soir se faisaient dans le domicile même de M. de Préville.

Pendant plusieurs mois, l'œuvre fonctionna dans ces modestes conditions. Dieu, qui bénit toujours la confiance et l'humilité, répandit ses grâces les plus abondantes sur le patronage, ainsi que le constatait M. de Préville lui-même. « Le bien, dit-il, se continue et s'affermit, au sein de l'œuvre. Dieu qui est si près de nous — plus près encore qu'à la rue de Lille — semble nous regarder avec plus de complaisance encore. »

M. de Préville avait hâte de voir la bâtisse com-

plètement achevée. Il s'adressa à des ouvriers dili-
gents, qui se mirent si sérieusement à l'ouvrage
que pour la fête de la Toussaint la grande salle des
jeux était terminée.

Ce fut dans cette salle que l'abbé de Préville installa la deuxième chapelle provisoire. Certes, on
était encore bien loin du gracieux sanctuaire que
nous admirons aujourd'hui à Notre-Dame des
Apprentis ; mais telle qu'elle était, cette nouvelle
chapelle avait, du moins, le mérite d'offrir un véritable abri à Notre-Seigneur. « Et je m'en réjouis
beaucoup, dit M. de Préville dans ses notes, car
peu de jours après la fête de la Toussaint, une tem-
pête horrible se déchaîna qui aurait pu amener de
terribles accidents. »

Le moment est venu de signaler à nos lecteurs,
comme un sujet de grande édification, une coutume
aussi admirable qu'audacieuse, introduite dans
l'œuvre par M. de Préville, dès le jour où il ouvrit
au culte cette deuxième chapelle. Laissons-le nous
raconter lui-même ce qu'il dira mieux que nous :
« En entrant dans ce nouveau local, je conseillai à
mes enfants de ne jamais venir au patronage, sans
aller, directement et premièrement, présenter leurs
hommages à Notre-Seigneur ; les avertissant que
moi-même je ne leur dirais « bonjour » qu'après

qu'ils auraient salué le véritable maître de la maison, Notre-Seigneur Jésus-Christ. »

Cette habitude fut vite prise. Si quelque enfant y dérogeait (c'était toujours par pure inadvertance), M. de Préville ne disait mot, mais il refusait son habituelle et cordiale poignée de main. On savait ce que cela voulait dire. Aussitôt, l'on s'empressait de réparer sa faute, et l'on sortait de la chapelle avec le très ferme propos de ne plus recommencer.

Quelques années plus tard, cette visite d'entrée se compléta par une prière faite à la statue de Notre-Dame de Lourdes, érigée, après une grâce obtenue, près d'une muraille de la cour et sur laquelle les yeux se portent naturellement, au sortir de la chapelle.

L'abbé de Préville n'acceptait donc le salut de ses enfants qu'après ce double hommage rendu à Notre Seigneur et à sa très sainte Mère. Peu à peu, les étrangers eux-mêmes, mis au courant de cette habitude, prenaient le chemin de la chapelle, en entrant chez M. de Préville, subissant ainsi, presque inconsciemment, l'heureux ascendant de cet homme de Dieu, au zèle duquel il fut toujours moralement impossible de résister.

Ainsi se termina l'année 1875.

Les travaux furent pressés si activement que

moins de deux mois plus tard, c'est-à-dire à la fin de février de l'année suivante, on put bénir la nouvelle construction et prendre possession de la chapelle définitive (20 février 1876).

On comprendra sans peine le bonheur qu'éprouva M. de Préville en se sentant désormais à l'abri de tout changement de domicile, et dégagé de toute préoccupation pour l'avenir.

Le patronage allait enfin avoir sa maison, ses salles, sa cour, à lui. En deux années il avait dû changer trois ou quatre fois de local, quelquefois il lui avait fallu se contenter des grands chemins ; maintenant, il entrait en propriétaire dans une installation magnifique qui laissait entrevoir les plus belles promesses de prospérité.

Mais ce qui réjouissait surtout M. de Préville, c'était de penser qu'il allait donner à Notre-Seigneur une demeure moins indigne de Lui. « Aujourd'hui, dit-il, aujourd'hui dimanche de la Sexagésime, bénédiction de la chapelle qui plaît à tous... Quel bonheur pour mes bons enfants, d'avoir désormais leur chapelle à eux ! Que de souvenirs ce sera pour un grand nombre, quand, dans quelques années, ils se souviendront de la chapelle de bois, puis de la grande salle transformée en chapelle, puis enfin de la véritable chapelle !

« Prenez-en possession, Seigneur Jésus, je vous la donne. Prenez aussi possession définitive du cœur de mes chers enfants, afin qu'ils soient à vous, et vous demeurent fidèlement attachés. Pour moi, prenez aussi mon cœur et gardez-le bien. Que je ne sois pas un obstacle aux grâces que vous voulez répandre dans ces jeunes cœurs : je me donne de nouveau à vous, bon Sauveur !

Notre-Dame des Apprentis, priez pour nous !

Saint Joseph, priez aussi pour nous ! (1) »

Est-ce que Notre-Seigneur aurait pu se mon-

(1) Voici, tracé par M. de Préville, le règlement du sacristain chargé du soin de la nouvelle chapelle :

« Celui qui est revêtu de cette fonction importante se souviendra des embarras que prennent les personnes du monde pour obtenir une place de chambellan auprès du souverain. La fonction de sacristain, si humble qu'elle paraisse, est cependant bien plus glorieuse, puisque c'est au bon Dieu lui-même qu'il s'agit de donner des soins. Qu'il se réjouisse donc, celui qui a été choisi pour remplir ce poste de confiance ; qu'il médite souvent sur les qualités exigées pour un tel emploi !

« Le sacristain est, par sa position, celui des enfants du patronage, qui se rapproche davantage du prêtre : celui-ci consacre Notre-Seigneur, le touche et le distribue aux fidèles : le sacristain, par un privilège tout spécial, touche les vases sacrés et le linge sur lequel a reposé Notre-Seigneur ; quel honneur !

« Vertus particulières du sacristain :

La Charité : C'est celui qui est plus en rapport avec Notre-Seigneur qui doit aussi reproduire le mieux les vertus qui sont justement celles auxquelles il veut lui-même que nous le reconnaissions ; Or, *Deus charitas est.*

Le Recueillement : Comment les camarades concevront-ils, pour Notre-Seigneur, ce respect et cet amour qu'ils doivent lui témoigner, si celui qui est toujours en sa compagnie n'a pas conscience de l'auguste présence du divin Maître ?

L'Exactitude : Jamais un bon sacristain ne s'absentera sans permission et sans s'être fait remplacer par le second sacris-

trer sourd à cette prière pleine de foi et d'amour ?

Le patronage reprit sa vie de la rue de Lille ; vie de piété, vie de simplicité, vie d'entrain. Le R. P. Berthe, Rédemptoriste, l'auteur depuis si connu de la *Vie de Garcia Moreno* et des *Récits bibliques*, qui avait donné le discours d'inauguration de la chapelle, avait prononcé dans sa belle allocution une parole très remarquée : « Bientôt, avait-il dit, ce sanctuaire sera trop étroit », laissant ainsi deviner les bénédictions que Dieu devait répandre sur l'œuvre.

Cette prophétie ne tarda pas à se réaliser. A partir de ce moment, en effet, le patronage se développa merveilleusement. M. de Préville le constatait avec bonheur. « C'est en cette même année 1876, dit-il à la fin de ses notes, que je commençai à récolter des fruits vraiment sérieux. Un de mes enfants m'avait déjà quitté l'année précédente pour entrer aux Frères de Saint-Vincent-de-Paul ; cette année-là, quatre enfants demandèrent à faire avec moi des études latines ; je m'y prêtai bien

tain ; il veillera à ce qu'aucun office ne soit retardé par sa faute.

L'Ordre et la Propreté : C'est de ces deux qualités que saint François de Sales appelle des demi-vertus, que dépend, en grande partie, la conservation des objets de la sacristie.

Pratique : Relire souvent ces quelques pensées et s'efforcer de pratiquer les vertus qui y sont recommandées. »

volontiers, et depuis ce temps, huit ou dix autres vinrent successivement me demander le même service. »

Il serait difficile de trouver une meilleure preuve de la vitalité et du bon esprit de l'œuvre de M. de Préville, à cette époque.

Pendant que Dieu récompensait ainsi ses efforts, notre zélé directeur jetait les bases d'une œuvre audacieuse — véritable merveille dans le monde des œuvres, — à savoir la retraite du Carnaval.

Arracher les jeunes gens aux nombreux dangers de ces jours de péché ; les retenir au patronage, non point comme on le fait dans certaines œuvres, par des distractions ou des fêtes extraordinaires, mais par les sévères exercices d'une retraite où rien n'est laissé à la nature, ainsi que nous le verrons plus tard, seul un saint comme M. de Préville pouvait avoir une telle idée. Lorsqu'au mois de janvier 1877, il s'ouvrit de son projet à Monseigneur l'Evêque en lui demandant la permission d'exposer le Très Saint Sacrement pendant les trois jours du Carnaval, le vénérable prélat ne put s'empêcher de laisser voir une certaine défiance à l'égard de cet extraordinaire dessein.

Ne retrouve-t-on pas l'expression de cette appréhension dans une lettre datée du 11 janvier, écrite à M. de Préville par Sa Grandeur :

« Mon cher abbé, la pensée que vous me manifes-
tez par rapport à l'emploi des jours du Carnaval
pour vos plus grands enfants me paraît excellente.

« Si, comme vous en avez l'espoir, vous réussis-
sez, il y aura à bien remercier Dieu... »

En vérité, M. de Préville ne s'appuyait que sur
Dieu. Il demanda des prières aux communautés
religieuses, aux noviciats, aux séminaires dont il
connaissait quelque membre ; il fit prier ses propres
enfants ; il les prépara, pendant plusieurs semaines
par ses instructions du dimanche ; puis, fort de sa
confiance en Dieu, il se mit à l'œuvre.

La première retraite du Carnaval eut lieu les 10,
11 et 12 février. Elle eut un plein succès. Le prêtre
qui en prêcha les exercices fut M. l'abbé Sagot, vicaire de Notre-Dame, le même qui avait aidé M. de
Préville dans les difficiles débuts du patronage.
Recueillons les impressions du vaillant directeur
sur ces trois jours de véritable bénédiction pour
l'œuvre : « Réussite complète de la retraite ;
soixante enfants y prennent part. M. Sagot leur
plaît extrêmement et leur fait beaucoup de bien.

Depuis trois jours, ils sont tous transformés.
J'attribue ce succès presque uniquement aux bonnes prières qui se sont faites dans nombre des
communautés religieuses. Je pense qu'il résultera

de cette retraite tout un mouvement pieux qui affermira davantage mes enfants dans le bien. Merci, mon Dieu, merci mille fois, pour ceux que vous comblez de faveurs, et pour moi à qui vous accordez cette si douce consolation de voir tout mon petit monde vous aimer. »

Avec la première retraite du Carnaval, et l'année 1877, s'arrête, croyons-nous, la partie historique de Notre-Dame des Apprentis.

Désormais, ce patronage a sa vie propre et son entière organisation.

Sans doute les années suivantes ne furent pas sans apporter quelques heureuses innovations, telles que les fêtes corporatives, les grandes promenades du lundi de Pâques, du lundi de la Pentecôte et du 14 juillet, et la « messe des mariés » ; mais, en réalité, à l'époque où nous sommes arrivés l'œuvre de M. de Préville est complète; Dieu l'a si visiblement bénie que moins de quatre années ont suffi pour opérer ce résultat.

CHAPITRE X

Nous croyons le moment venu de montrer dans un tableau d'ensemble la vie extérieure de l'œuvre de M. de Préville. Nous parlerons du coutumier de chaque jour, du coutumier du jeudi, de la soirée des grands. Nous aborderons ensuite la question des jeux, et enfin nous dirons quelque chose des fêtes religieuses du patronage. Nous ne reviendrons plus sur la journée du dimanche dont nous avons parlé précédemment.

Chaque jour de la semaine, M. de Préville ouvrait son œuvre un peu avant sept heures, pour l'assistance à la sainte messe. Grâce à ses pressantes exhortations, quelques membres du patronage, enfants ou apprentis, prirent bientôt l'habitude de la messe quotidienne. Les associés de la Garde d'honneur surtout se faisaient remarquer par leur généreuse exactitude. Les procès-verbaux de l'association font foi que M. de Préville insistait souvent sur la nécessité du lever matinal, condition principale à sauvegarder pour l'assistance au saint sacrifice. La messe quotidienne ! L'Eglise la recommande très instamment aux fidèles des paroisses. Heureuses les âmes qui obéissent à ces désirs de l'Eglise ! Elles trouvent dans cette assistance régulière au Saint-Sacrifice les meilleurs moyens de sanctification. Mais nous n'habituons peut-être pas assez nos jeunes gens des œuvres à cette excellente pratique. Nous n'hésiterions pas cependant si nous nous rendions compte des bons résultats que cet exercice peut produire en eux. L'abbé de Préville s'est toujours félicité d'avoir inspiré cet usage à ses enfants , et d'en avoir profité pour les pousser à la communion fréquente.

Après la messe, la cour restait ouverte jusqu'à l'heure de l'école ou du travail. C'était le moment des causeries entre directeur et patronnés. En vrai prêtre, M. de Préville profitait soigneusement de ce tête-à-tête avec ses meilleurs enfants, et nous savons que ces rapports familiers et pieux produisirent le plus grand bien dans son œuvre.

Vers cinq heures, à la sortie des classes, les écoliers revenaient au patronage. M. de Préville les recevait, les faisait jouer, et appelait en particulier, dans son bureau ouvert sur la cour, ceux qu'il avait besoin de voir. Sa perspicacité et l'intérêt qu'il portait à ses enfants étaient tels qu'il se rendait compte de tous les besoins de leur vie.

A huit heures, il donnait le signal du chapelet et tout son petit monde entrait à la chapelle. Nous avons déjà dit que la récitation de cette prière était coupée par un cantique. Souvent même, M. de Préville ajoutait quelques avis.

Les jours de fête, il avançait le chapelet d'un quart d'heure en vue de la bénédiction du Très Saint Sacrement qui suivait. En agissant ainsi, le sage directeur procurait une grande tranquillité aux parents dont les enfants rentraient toujours à la même heure. Le vendredi, le chapelet était remplacé par le chemin de la Croix.

Mais la journée principale du patronage des enfants était le jeudi. Ce jour-là, M. de Préville ouvrait son œuvre vers deux heures de l'après-midi.

Après leur visite à la chapelle et au bureau du directeur, les enfants jouaient jusqu'à trois heures et demie. Les membres de la Garde d'honneur étaient chargés d'entretenir l'animation et de la raviver, lorsqu'il en était besoin. Mais tout finit par lasser les enfants, même le jeu : rien n'est bon, dans une œuvre de jeunesse, comme la variété. Aussi, à trois heures et demie, après de bruyantes parties, M. de Préville réunissait ses enfants dans une grande salle d'en bas : c'était l'heure de l' « histoire ».

Les histoires, bien racontées, charment, instruisent et moralisent. Ne savons-nous pas les excellents résultats réalisés aujourd'hui par la méthode des « histoires » accompagnées de projections fixes ou animées? Dans le début, le zélé directeur parlait lui-même ; mais bientôt, fidèle à son principe de se faire aider, il avait choisi quelques jeunes gens pour le remplacer. Plusieurs s'acquittaient parfaitement de cette tâche et pouvaient, en se préparant quelque peu à l'avance, aborder tel genre qu'ils voulaient. Les « anciens » ne se souviennent-ils pas de certains épisodes, plus frappants racontés dans ces causeries : l'histoire de Tire-Bague, des Camisards, etc.?

La séance durait une demi-heure. De la salle des « histoires » les enfants se rendaient à la chapelle pour y réciter le premier chapelet du jeudi et y entendre une instruction familière. Cette instruction était une sorte de glose, faite de conseils paternels et de tendres reproches, ressemblant assez aux entretiens qu'on appelle dans les collèges catholiques « la lecture spirituelle ». Quand on a connu M. de Préville et que l'on se rappelle qu'il

profitait minutieusement de toutes les circonstances, grandes et petites, pour porter les âmes
à Dieu, il est facile de penser que ces réunions, organisées et conduites avec la sagesse du véritable
zèle sacerdotal, produisaient, dans le cœur des
enfants, les plus salutaires effets.

A l'issue de ces exercices, les jeux recommen-
çaient. Les écoliers dont l'estomac criait famine
pouvaient courir jusque chez leurs parents, pour y
prendre un léger repas. Il était toujours bien convenu qu'ils ne devaient point s'arrêter avec des
camarades suspects, ni surtout, à l'époque de la
foire, se planter devant les baraques et les ména-
geries. L'abbé de Préville, pour le dire en passant,
faisait chaque année, de cette dernière privation,
la matière d'un généreux sacrifice. Et ce qu'il demandait, il l'obtenait. Plus d'une fois, il signale,
dans son journal, des victoires de ce genre, rem-
portées par les enfants de son œuvre. Qu'on n'accuse
point le saint directeur d'avoir montré, en cette
circonstance, une trop grande sévérité. Il avait une
connaissance profonde de la jeunesse. Il agissait
à bon escient, imitant du reste en ce point, comme
en beaucoup d'autres, le sage M. Allemand, qui
disait : « C'est la coutume des meilleures congré-
gations de s'abstenir tout à fait d'aller à la foire,

même durant le jour. Et quand leurs affaires les obligent à passer par là, ils prennent de préférence les rues latérales. »

En enfants soumis, les écoliers revenaient à l'œuvre le plus vite possible, sans céder aux tentations de la rue. Leurs jeux reprenaient jusqu'à huit heures, c'est-à-dire jusqu'au moment de l'arrivée des apprentis et des jeunes gens de bureau.

Pour commencer la soirée des grands et pour terminer l'après-midi des petits, M. de Préville réunissait tout le monde à la chapelle. On y récitait en commun un second chapelet, avec accompagnement de cantique, puis les écoliers quittaient l'œuvre, tandis que les aînés envahissaient les salles d'en haut, pour y terminer la journée.

C'est à partir de la quinzième année, nous l'avons dit, que les apprentis avaient le privilège de passer la soirée au patronage ; privilège fort convoité et pour lequel les enfants, plus robustes, trompaient parfois la jalouse vigilance de M. de Préville, en se vieillissant à plaisir.

En effet, nous n'avons jamais connu de réunions plus intéressantes que ces soirées de Notre-Dame des Apprentis. Elles n'avaient, cependant, rien d'apprêté ni de coûteux. C'était la joie la plus vive, mêlée à la plus exquise simplicité. Les uns, rangés

autour d'une table, jouaient aux cartes, aux do-
minos ou au loto ; les autres causaient avec le
directeur, véritable père au milieu de ses enfants ;
d'autres, enfin, fumaient tranquillement la pipe ou
le cigare, en été, adossés à une fenêtre, en hiver,
serrés étroitement près d'un agréable foyer. Rien
du cabaret ou de la buvette. Si l'on voulait se dé-
saltérer, on avait l'eau de la pompe. Le dimanche
seulement, vers neuf heures, l'échanson de l'œuvre
passait au milieu des rangs, pour offrir à chaque
patronné un verre de bière. Et, dans cette simplicité
charmante, la soirée passait comme un éclair. Nous
sommes loin, on le voit, des trop nombreux patronages modernes qui ressemblent plus à un cabaret
qu'à une œuvre de jeunesse.

Une page que nous avons retrouvée dans le Messager de Notre-Dame des Apprentis nous montre
bien l'impatient désir des enfants de prendre part
à ces réunions, et révèle assez parfaitement l'esprit
qu'elles présentaient. Nous citons textuellement
cette littérature du patronage : « Si j'avais quinze
ans !... Voici la nuit de Noël passée... que de désirs
elle a enfantés, que de souhaits elle a fait naître
parmi ceux qui, ayant de onze à quinze ans, ont
obtenu, suivant les vieilles coutumes, la permission
de monter dans les salles 'd'en haut avec les

« grands » ! Combien de fois ne diront-ils pas, ces heureux d'une soirée, ces paroles si souvent répétées : Si j'avais quinze ans !...

« Et cependant, tout n'est pas rose dans la salle d'en haut pour les nouveaux arrivants. Quolibets, tracasseries innocentes, niches drolatiques, rien n'est épargné pour prouver au nouveau venu que les grands ont le droit d'aînesse sur lui.

« Dès qu'un « nouveau » fait son entrée dans la salle, s'il oublie d'ôter son chapeau ou de dire bonjour à quelqu'un, on se charge de lui annoncer, à grand renfort de porte-voix, qu'il y a des porte-manteaux dans la pièce et que la politesse exige de saluer ceux à qui l'on rend visite.

« Lorsqu'enfin le nouveau venu a trouvé une chaise pour s'asseoir, sa première pensée est de fumer. Alors, il exhibe un paquet de cigarettes, en prend une et s'apprête à remettre le reste dans sa poche, lorsqu'une voix retentit : « Eh ! dis donc, Chose, t'en passe pas une à un vieux copain ? » Pour ne point paraître avare, Chose passe le paquet qui lui revient, au bout de cinq minutes, vide ou à peu près. Même scène avec un paquet de tabac ou un étui à cigares. Ah ! s'il vous était donné, chers petits camarades, qui soupirez après cet âge doré de quinze ans, de voir, le soir, les mille misères que subit un nouveau membre dans le cercle des « grands », vous ne soupireriez pas tant pour nous rendre visite (1). »

Malgré cela, ou plutôt à cause de ces plaisanteries enfantines, ces réunions étaient de vraies réunions de frères. Certaines séances, surtout, présentaient le plus vif intérêt. Nous voulons parler de celles qui précédaient la messe de minuit, ou terminaient le jour des rois. Nous l'avons dit, elles finissaient trop vite. Qui pourrait oublier, après avoir eu la joie d'y assister seulement une fois, la soirée de l'Epiphanie, le réveillon de Noël, etc.? Quel entrain, quelle charmante gaîté ! Qu'on ne dise pas que ces séances avaient quelque chose d'extraordinaire, à cause des chansonnettes ou du gâteau des rois. En réalité, le secret de cette allégresse simple était toujours le même, à savoir une fraternité bien comprise et bien pratiquée.

Avant de se retirer, c'est-à-dire à dix heures, tous les membres entraient à la chapelle pour la prière du soir, que M. de Préville récitait lui-même.

C'était la prière du catéchisme diocésain, à laquelle on ajoutait quelques invocations pour des intentions particulières, et notamment pour les

(1) Cf. *Messager de Notre-Dame des Apprentis*, 1889, n° 1.

camarades appelés sous les drapeaux. Ceux-ci, en effet, restaient les enfants de prédilection de l'abbé de Préville qui entretenait avec eux une correspondance affectueuse et suivie. En sortant du sanctuaire, les apprentis s'inclinaient devant la statue de Notre-Dame de Lourdes en disant l'*Ave Maria*, puis ils partaient, défilant les uns après les autres, devant M. de Préville qui se tenait à la petite porte de sortie pour recevoir leurs poignées de mains, et leur donner, en retour, sa bénédiction.

Rien de plus touchant que cet usage. La bénédiction du départ était le complément désiré d'une heureuse journée. Jeunes et vieux la recherchaient. Nul n'aurait voulu partir sans la recevoir. Et quand parfois — ce qui n'arrivait guère — M. de Préville avait à se plaindre d'un de ses enfants, il ne pouvait infliger de plus dure punition que de refuser cette bénédiction.

Evidemment, dans ce cas, le coupable ne sortait pas. Avant de se retirer, il fallait s'expliquer, demander pardon, et faire la paix, non seulement avec le directeur, mais aussi avec le bon Dieu ; car plus d'une fois, ces entrevues intimes se terminaient par l'absolution sacramentelle.

Et maintenant, abordons la question des jeux.

Comme tous les directeurs expérimentés, M. de

Préville attachait au jeu une importance de premier ordre. N'est-il pas certain qu'une œuvre où l'on joue beaucoup est une œuvre qui marche bien bien? L'abbé de Préville disait, le 11 mars 1877, à ses chers membres de la Garde d'honneur. « Je vous répète ce que disait souvent M. Allemand : tous ceux qui, dans une œuvre, jouent bien, sont sur le chemin de la persévérance, car le démon n'entre pas facilement dans le cœur d'un jeune homme qui est tout au jeu. Ce saint prêtre disait aussi qu'il avait plus de confiance dans un bon joueur que dans celui qui serait sans cesse à la chapelle. Fidèle à ce principe, qui était bien le sien, M. de Préville revenait souvent, dans ses entretiens, sur cette nécessité du jeu. C'est un premier principe sur lequel sont d'accord tous les directeurs des œuvres de jeunesse.

Une autre fois, il faisait appel à l'expérience personnelle de ses enfants : « Jugez par vous-mêmes, leur disait-il. Quand vous avez bien joué au patronage, tout vous est agréable, vous êtes heureux. Au contraire, cessez de jouer, vous sortez de la réunion mécontents et disposés à tout abandonner. De plus, que penseront les nouveaux, si, au lieu de se récréer, comme vous le leur aviez fait entrevoir, ils s'ennuient dans un coin de la cour?

Ils diront qu'ils ne veulent plus revenir ; et voilà peut-être des enfants qui se perdront ailleurs, tandis que quelque effort de votre part, en leur faisant prendre goût au patronage, les aurait probablement maintenus dans la voie du bien. Courage donc, enfants du bon Dieu ; mettez-vous bien à la besogne ! »

En conséquence, il demandait aux « grands » de jouer avec les « petits ». C'était comme un second principe auquel l'abbé de Préville attachait une sérieuse importance, en cette matière de divertissements. Quand les aînés se mêlent à un jeu, l'entrain se communique d'instinct et les récréations s'animent naturellement. Rien n'est plus facile à constater dans une œuvre. Le patronage devient alors une famille où règne l'union avec la plus charmante gaîté. « Les jeux les plus simples, disait-il dans une séance de la Garde d'honneur, ont de l'attrait, quand les grands s'en mêlent. Il ne faut pas non plus que deux ou trois seulement puissent prendre part au jeu. Il faut que tout le monde puisse jouer. On doit s'amuser beaucoup au patronage, dût-il vous en coûter ! »

Mais si le jeu doit être en honneur dans une œuvre de jeunesse, il n'est nullement nécessaire qu'il soit dispendieux ou compliqué. Autre maxime chère à M. de Préville. Les jeux qu'il affectionnait particulièrement, c'étaient les jeux mouvementés, tels que le jeu de barres, le jeu d'échasses, les exercices de gymnastique. En hiver, il recommandait les glissoires, les grandes parties de balles au chasseur, les combats entre Français et Anglais, entre chrétiens et mahométans « Une des batailles qui m'est le mieux restée dans la mémoire, écrit un ancien dans le Messager de Notre-Dame des Apprentis, c'est la prise d'Orléans par Jeanne d'Arc ! Quel entrain, quel acharnement !

« Du reste, il faut dire que la cour du patronage, à ce moment-là, était propre à une action de ce genre. La ville d'Orléans était cette pauvre gloriette plantée au milieu de cinq ou six peupliers, et qui, depuis, a disparu.

« Les Français étaient postés à la porte d'entrée; il fallait enlever la gloriette tout au fond de la cour et en chasser les Anglais. Dieu ! Quelle ardeur! On grimpait sur les peupliers, sur la toiture de la gloriette, on se laissait glisser le long des barreaux. De tous côtés on envahit la place ; il ne tient qu'à un cheveu, que, au mépris de l'histoire, Jeanne d'Arc ne fût faite prisonnière ; cela se comprend, dans le feu de la bataille, on peut oublier l'histoire. Je me souviens avec quels hourras et quels chants de joie, nous poussâmes le cri de victoire lorsque le drapeau blanc fut planté sur la position. Je crois encore entendre les cris de guerre : « Mort à l'Anglais, sus à l'ennemi. » Vrai, c'était entraînant !

« Mais le plus comique, c'était d'entendre, après la bataille le commentaire de l'action ; l'on redisait les fautes commises ; ici, on aurait dû faire telle chose, là, telle autre ; les uns racontaient leurs prouesses et leurs exploits ; les autres se tâtaient et montraient les éraflures reçues dans la mêlée. Parfois on avait un œil poché, mais à cela près, on était content, et quand on rentrait le soir à la maison, on radoucissait les mamans courroucées à la vue d'un pantalon déchiré, en leur racontant avec force détails, les exploits de la journée, et, le cœur heureux, on s'endormait en rêvant d'une autre bataille (1). »

M. de Préville avait horreur des promenades par petits groupes. Cette manière de passer le temps au patronage ne lui paraissait pas digne d'un jeune homme. « Cela sent le commérage à quinze lieues à la ronde », disait-il quelquefois dans son langage familier. Mais les jeux bruyants et animés, il les encourageait par tous les moyens en son pouvoir.

(1) *Messager de Notre-Dame des Apprentis* 1888, août.

Quand le mauvais temps forçait les enfants à quitter la cour, ils entraient dans une grande salle du rez-de-chaussée, la « salle des histoires », qui se transformait immédiatement en préau de récréation. Leur plus grand plaisir était de courir autour des colonnes et des tables, en sorte que le jeu ne s'arrêtait jamais. C'était ce que désirait M. de Préville.

Le soir, nous l'avons dit, les grands se rendaient dans les salles d'en haut. Là, c'était l'endroit des jeux tranquilles dont nous avons parlé : même simplicité que dans la cour, pour le choix des divertissements. Le billard en était exclu ; on n'y connaissait pas les représentations théâtrales. Sur ce point M. de Préville était intransigeant. Il avait ses raisons, comme M. Allemand avait les siennes.

Ce qu'il voulait, c'était qu'on s'amusât au patronage. Or, quoiqu'il n'y eût ni billard, ni théâtre, on s'y amusait beaucoup. « L'expérience l'a prouvé, disait l'auteur de la vie du saint prêtre de Marseille dont nous citons souvent le témoignage plein d'autorité : plus les jeux sont simples dans une œuvre, plus on s'y amuse. C'est comme le pain qui plaît toujours et dont on ne se dégoûte jamais. » Les directeurs d'œuvres, qui osent suivre cette méthode, n'auront jamais à le regretter.

D'ailleurs, malgré cette simplicité qui était un des principaux charmes de l'œuvre, il y avait, à côté des divertissements quotidiens, quelques récréations extraordinaires parmi lesquelles il faut signaler les « grandes promenades ».

Trois surtout offraient l'intérêt le plus attachant, c'était la promenade du lundi de Pâques, celle du lundi de la Pentecôte, et celle du 14 juillet. On partait, de très bonne heure, de Boulogne, pour une paroisse de campagne dont l'abbé de Préville connaissait le curé. Généralement, la route se faisait, partie en chemin de fer, partie à pied. Grâce à la plus franche cordialité, à l'entrain général, le voyage était un des meilleurs moments de la journée. En entrant dans le village, le patronage se rendait immédiatement à l'église, pour assister à la sainte messe. On servait Dieu et du même coup on édifiait le prochain ; car l'arrivée de l'œuvre dans une paroisse ne passait jamais inaperçue et faisait toujours église comble.

Laissons, d'ailleurs, la parole à un témoin de ces joyeuses excursions : il s'agit d'une promenade de lundi de Pentecôte, dans les environs de Marquise : « Le saint sacrifice terminé, nous prenons congé de M. le Curé, et nous nous engageons à travers les marais du pays. Plaines immenses, toutes couvertes d'eau en hiver, et toutes resplendissantes, en été, de la végétation la plus luxuriante. L'herbe et les fleurs nous montaient jusqu'aux genoux. Aussi, vous voyez d'ici les cent culbutes que les Benjamins de la promenade ne manquaient pas d'exécuter au milieu de ces tapis de verdure. Vraiment, ils étaient plus heureux que les poissons dans l'eau. Les plus grands les regardaient faire, et, dédaignant de se livrer à un exercice qui n'était plus de leur âge, se contentaient d'applaudir à leurs ébats. Passons les marais, sautons les ruisseaux qui en découpent çà et là la vaste étendue, franchissons avec précaution le pont de quarante centimètres de largeur qui s'impose à nous pour passer une petite rivière et arrivons bien vite à B... où nous attend notre dîner. Ici encore, c'est M. le Curé qui nous reçoit à bras ouverts. Par ses soins, deux tables encadrées de bancs rustiques avaient été préparées sous une voûte de verdure au sein même du presbytère. Charmante, cette idée de nous faire dîner au milieu d'un bosquet où les arbres balançaient majestueusement leurs branches au-dessus de nos assiettes, et où, tout en reprenant des forces, nous jouissions du concert des petits oiseaux qui venaient voltiger légèrement au-dessus de nos têtes !

« Mais, faut-il le dire, plus charmant encore fut l'empressement avec lequel M. le Curé voulut lui-même nous servir. La gaîté fut complète, l'appétit ne manqua pas et rien ne fit défaut pour apaiser ses exigences. Enfin, comme de coutume, les chansonnettes allèrent leur train. M..., avec cette voix charmante que nous lui connaissons tous, nous fit entendre le « Tunnel sous-marin » ; B... remporta un vrai succès en nous chantant, avec force commentaires, improvisés par lui pour la circonstance, « Mouillard les concombres », etc.; puis on infligea à M. le Curé l'audition de « La Cigale et la Fourmi ». Une réception semblable exigeait évidemment des remerciements particuliers, nous les adressâmes de bien bon cœur à M. le Curé, et nous le quittâmes à regret, pour prendre la route d'Ambleteuse.

« Mon Dieu, cette route est comme beaucoup d'autres ; je ne vous la décrirai donc pas. Je me contenterai de vous dire qu'après avoir franchi quatre kilomètres, nous envahissons la plage et les dunes d'Ambleteuse, où chacun est prié de prendre ses ébats, comme bon lui semble, pourvu que ce soit toujours raisonnablement. Les uns ont grand plaisir à escalader le vieux fort abandonné de la plage et à simuler une bataille ; d'autres trouvent

une joie incomparable à monter sur la vieille car-
casse d'un bateau échoué sur le sable. Ceux-ci
prennent des bains de pieds, c'est pour eux la plus
douce jouissance ; ceux-là jouent au « carabin »
dans un ravin entouré de quatre montagnes de
sable ; plus loin on en voit qui, étendus sur le sable brûlant, comme de véritables lézards, se livrent
à d'admirables ronflements...

« Mais que le temps s'écoule vite quand on
s'amuse bien ! Voilà deux heures passées comme un
rêve ; nous nous rendons à l'église pour y reciter
le chapelet et recevoir la bénédiction du Très
Saint Sacrement; puis il faudra déjà penser au retour (1) ! »

A ces grandes promenades de Pâques, de Pentecôte et du 14 juillet, il faut ajouter celles des cor-
porations (saint Crépin, saint Eloi, saint Jean
devant la Porte Latine, saint Claude) et celle de la
Congrégation qui présentaient à peu près le même
caractère.

M. de Préville ne négligeait rien pour donner un
vif intérêt à ces excursions. Il prenait à sa charge
une bonne partie des frais, désireux que le plus
grand nombre possible jouît de ces récréations. A

(1) *Messager de Notre-Dame des Apprentis*, juin 1890.

la fin d'une journée semblable à celles que nous avons racontées, il écrivait dans son journal : « Bonne promenade ; les enfants semblent s'y être amusés beaucoup. Les excursions les attachent au patronage ; en même temps elles ont pour effet d'en mettre quelques-uns dans notre main. Seulement, il ne faut ni lenteurs, ni hésitations. Aussi, est-il indispensable de tout prévoir afin de ne pas souffrir de contre temps pendant la journée (1). »

Telles étaient les différentes distractions de l'œuvre de l'abbé de Préville. Simples, cordiales, entraînantes, elles entretenaient le bon esprit et le faisaient prospérer. Elles ouvraient certaines natures plus fermées, et contribuaient finalement à la gloire de Dieu et au salut des âmes. Au sein de cette fraternité, le patronage était une véritable famille, dont les joies et les peines étaient mises en commun.

Y avait-il, dans l'œuvre, ou même dans la famille de quelque jeune patronné, un ou plusieurs enfants admis à la première communion? On priait pour eux au patronage et on communiait à leur intention. M. de Préville disait de cet esprit de famille : « Il y a, mon Dieu, une douceur extrême dans l'u-

(1) Juin 1879

nion de tous ces jeunes cœurs qui battent à l'unisson et qui, ensemble, se donnent si bien au bon Dieu ; oui, il est touchant de voir comment Jésus sait se conquérir peu à peu les âmes. »

Quand venait l'époque du tirage au sort, il y avait messe au patronage pour les membres de l'œuvre qui y prenaient part. Les amis des futurs soldats venaient y assister et prier pour leurs camarades. Vers midi, les mêmes jeunes gens revenaient au patronage faire connaître à M. de Préville le résultat des opérations. Alors le bon directeur se mêlait à eux et leur donnait d'intelligents et minutieux conseils pour le reste de la journée.

Il préludait ainsi à tout ce salutaire mouvement, créé depuis en faveur des jeunes conscrits.

Que dirons-nous de cet esprit d'union, lorsque la mort venait frapper l'un des enfants de M. de Préville? Alors, c'était un deuil pour tous les membres du patronage. On chantait un service, dans la chapelle, pour l'âme du défunt, et le saint directeur, en même temps qu'il réclamait les prières de l'œuvre, ne manquait pas de mettre sous les yeux de ses patronnés les grands enseignements de la mort.

Entendons-le dans une circonstance de ce genre : « Mes enfants, il y a dix jours à peine, nous étions tous réunis autour d'un cercueil : l'un de vos camarades était mûr pour le ciel. Pendant sa maladie, il me disait : « J'aimerais mieux mourir que de devenir un mauvais enfant ! » Admirable parole si l'on considère qu'elle est prononcée par un jeune homme de vingt ans, à qui, je puis le dire, tout souriait ! Comme cette parole suppose une foi vive et un ardent amour de Notre-Seigneur ! »

Quelques jours plus tard, en face d'une autre tombe prématurément ouverte, M. de Préville disait à ses fils : « Allons, mes enfants, ne perdons pas cette triste occasion de nous relever et de nous encourager au bien. Si j'étais mort, moi qui suis si lâche dans le service de Dieu, moi qui me laisse aller si souvent au péché ! O mon Dieu, ne m'infligez pas, comme punition, une mort subite Prions ! ensemble pour ce cher camarade et toutes nos prières réunies toucheront le cœur de Dieu. »

Afin de perpétuer le souvenir de ces frères trop tôt disparus, M. de Préville fit sceller, dans l'une des murailles de la chapelle, des plaques de marbre sur lesquelles on grava le nom des défunts du patronage. A l'heure où nous écrivons, la série en est déjà longue. Il y a, parmi ces morts, des enfants, des employés, des entrepreneurs de bâtiments, des séminaristes, des novices de la Congrégation des

Frères de Saint-Vincent-de-Paul, un prêtre tombé dans l'exercice de son ministère. Leurs camarades survivants gardent leur mémoire et puisent, dans leur souvenir, la force de bien vivre, pour avoir la grâce de bien mourir.

Donnons maintenant quelques détails sur les fêtes religieuses, qui achèveront de faire connaître la vie du patronage.

Il y avait d'abord les fêtes générales de l'Eglise, parmi lesquelles nous signalerons Pâques, la Pentecôte, le Saint-Sacrement, la Toussaint, Noël, qu'on célébrait avec éclat dans l'œuvre du boulevard Eurvin. M. de Préville avait l'habitude de préparer son monde par une retraite de trois ou quatre jours. Nous avons sous les yeux les sermons qu'il prononça pour ces différentes solennités. C'étaient tantôt de brûlants commentaires sur la présence réelle et sur la venue de Jésus dans les âmes par la communion; tantôt des développements pleins d'à-propos sur les grâces dont le patronage était le foyer et dont il fallait bien se garder d'abuser, pour ne pas encourir la vengeance de Dieu.

Le résultat immédiat de ces fortes instructions se constatait au jour même de la fête, dans les nombreuses communions qui ne manquaient pas de réjouir saintement M. de Préville.

La première des fêtes religieuses, particulières au patronage, avait lieu à l'occasion du jour anniversaire de la fondation de l'œuvre. Nous l'avons déjà dit, on la célébrait le dimanche de Quasimodo.

Le directeur l'annonçait avec soin la semaine précédente et y invitait les anciens du patronage avec leurs femmes et leurs enfants. A la messe, il y avait diacre et sous-diacre ; c'était presque toujours deux anciens enfants de l'œuvre qui remplissaient ces fonctions. M. de Préville adressait à sa famille, dont les membres étaient réunis sous son regard, une question comme celle-ci : « Depuis cinq ans (il parlait ainsi le dimanche de Quasimodo 1878) il existe dans le jardin du Père de famille un arbre nouveau, qu'un jardinier soigne de son mieux. Cet arbre, c'est le patronage. Le maître en attend les fruits agréables ; *expectavi ut faceret uvas.* Les trouvera-t-il? Si oui, vive Dieu ! Nous sommes un bon arbre ; il ne sera point coupé ni jeté au feu. » Et le Saint Sacrifice se terminait par une belle communion où se retrouvaient jeunes et vieux.

Une telle fête se répétant chaque année, resserrait encore les liens d'une fraternité déjà bien complète. Elle avait aussi l'avantage de montrer aux jeunes enfants de l'œuvre que M. de Préville n'entendait pas seulement travailler pour le présent, mais encore, et surtout, pour l'avenir. Aussi bien, ces anciens qui revenaient pour quelques heures au patronage y avaient tous trouvé leur sauvegarde morale, et, quelques-uns, le secret de leur prospérité matérielle.

Le 15 août de chaque année, le patronage faisait son pèlerinage au sanctuaire de Notre-Dame de Boulogne. On partait vers sept heures du matin, au chant du *Magnificat*, croix en tête et bannière dans le milieu du groupe, pour la cathédrale. Le prédicateur de la station adressait une allocution aux membres de l'œuvre qui faisaient tous la sainte communion ; puis, après avoir vénéré la relique de la Sainte Vierge, l'on revenait au patronage où s'achevaient les prières de l'action de grâces. Quelques mots d'encouragement et de félicitation de la part du directeur mettaient fin à cette touchante manifestation de piété.

Cette parole d'encouragement à laquelle l'abbé de Préville tenait beaucoup, avait pour but de préparer les enfants du patronage à la grande procession annuelle qui se faisait alors à Boulogne, en l'honneur de Notre-Dame, pendant l'octave de l'Assomption.

L'œuvre y prenait part, et une part honorable, par la place qu'elle occupait et par les nombreux chapelets, récités à haute voix, qu'elle faisait monter vers le cœur de la Sainte Vierge. Or, participer à cette manifestation religieuse, les jeunes gens le savaient bien, c'était s'exposer à des tracasseries mesquines, à des allusions sournoises dont le bureau ou l'atelier seraient le théâtre le lendemain même de la procession. Il fallait donc raidir contre le respect humain ces natures parfois timides pour le bien. M. de Préville n'y manquait pas. Durant les quinze jours qui précédaient la procession il prêchait sur cette matière, et jamais il n'était plus incisif que lorsqu'il parlait de cette variété de la peur. La foi des jeunes gens retrouvait alors toute son énergie et les aidait à suivre sans rougir la bannière de leur patronage.

L'œuvre assistait aussi à la procession paroissiale du Très Saint Sacrement, le dimanche dans l'octave de la Fête-Dieu. Les mêmes luttes se livraient dans le cœur des jeunes gens, suivies des mêmes victoires. Non pas qu'il n'y eût jamais de défections : il arriva plus d'une fois que certains n'osèrent pas braver les railleries des mauvais camarades, mais ce fut toujours l'exception.

Ainsi, fonctionne depuis trente ans et plus l'œuvre de M. de Préville. Rien d'essentiel, en effet, n'y est changé depuis le premier jour.

En parlant du passé, nous avons donc reproduit le présent. C'est toujours la même vie, animée du même esprit. Il ne saurait en être autrement. Le patronage Notre-Dame des Apprentis a été fondé d'après le caractère des enfants de Boulogne, par un prêtre qui en avait saisi la vraie nuance. Sortir de ces traditions serait un essai périlleux que personne ne voudra jamais tenter. L'œuvre de l'abbé de Préville reste fidèle à l'esprit de son fondateur.

CHAPITRE XI

Tout ce que nous venons de dire montre clairement que l'abbé de Préville n'avait rien de superficiel dans sa méthode de direction, et nous pouvons affirmer que la véritable raison du succès de son œuvre fut l'esprit de piété. Or, si nous cherchons les principaux moyens employés par le saint directeur pour obtenir ce résultat, nous en trouvons surtout deux que nous allons essayer de mettre en lumière.

Son premier moyen d'action fut la « Garde d'honneur du Saint Sacrement ». Déjà nous avons parlé de son institution et du but général que poursuivait M. de Préville en l'introduisant dans son œuvre. Faisons ressortir en ce moment l'influence exceptionnellement heureuse qu'elle exerça sur le patronage.

Une fois de plus, il importe de montrer la puissance des associations au sein des œuvres de jeunesse. Les prêtres qui se dépensent dans ces sortes de ministère n'apprendront rien en lisant ces pages ; mais elles seront peut-être de quelque utilité pour certaines âmes moins expérimentées.

Dès le commencement, M. de Préville s'attacha à faire comprendre aux quelques membres de la « Garde d'honneur » qu'ils devaient être comme le pivot du patronage. « C'est vous, leur disait-il le 11 mars 1874, qui devez allumer dans tous les cœurs le feu de l'amour de Notre-Seigneur au Très Saint Sacrement. Quelle belle et honorable mission ! Les apôtres n'étaient que douze et ils ont converti le monde. Les gardes d'honneur sont déjà au nombre de seize, et ils n'ont pas précisément le monde entier à incendier. Courage donc, mes enfants ; soyez fervents pour porter vos camarades à Dieu. »

« Ce qui dépare le plus notre cœur, disait un peu plus tard M. de Préville, c'est l'égoïsme, cette pensée de nous-mêmes qui nous poursuit et nous absorbe, quand nous devrions mettre en place la pensée des autres. Nous sommes obligés de détruire en nous ce déplorable sentiment. Regardons les saints : voilà des exemples frappants de charité et de dévouement que nous devrions suivre : mais hélas ! nous nous préoccupons trop de nous-mêmes, et pas assez des autres. Rejetons donc cet amour de notre personne qui nous empêche de faire du bien à nos camarades. Oublions-nous pour ne penser qu'aux autres et demandons à Jésus un peu de sa charité et de son dévouement. »

Et ce dévouement, les membres de la Garde d'honneur avaient mille occasions de le pratiquer. « Vous avez bien des occasions de vous dévouer, disait encore l'abbé de Préville. Au patronage, d'abord, si vous voyez de vos camarades qui s'ennuient ; approchez-vous d'eux ; invitez-les à participer avec vous, même à un jeu qui ne vous plaît pas ; et ces camarades seront heureux, et prendront goût au patronage.

« Et dans vos ateliers, c'est là surtout que vous pouvez montrer votre charité. Lorsqu'un ouvrier vous taquine, le premier mouvement c'est de lui garder rancune ; avec du dévouement, nous ferons le contraire ; nous serons attentifs à ses désirs, nous chercherons l'occasion de lui rendre service ; cette conduite finira par le faire réfléchir et peut-être par le convertir. »

Cependant, rien n'est efficace, en matière d'apostolat, comme le bon exemple. Aussi M. de Préville en prêchait-il souvent l'obligation à ses jeunes congréganistes. « Les plus beaux sermons ne peuvent faire autant de bien que la prédication du bon exemple. On a beau dire à un enfant : jouez donc ; si personne ne lui donne l'exemple, il ne jouera pas ; ce qu'il faut, c'est nous montrer fidèles à la prière, au bon esprit, à la confession, à la communion fréquente, à la visite au Saint Sacrement. »

Et pour fortifier ses enfants dans cette pratique du zèle, M. de Préville, à la suite de M. Allemand, leur montrait les heureux résultats de leur apostolat.

« Par le zèle, disait-il, on imagine de pieuses ruses contre l'inconstance, l'ennui et l'insouciance ; par le zèle, le patronage devient une famille où les grands sont les anges gardiens des plus jeunes, où les petits s'appuient avec confiance sur les grands, où tous s'encouragent par leurs bons exemples, se livrent aux mêmes jeux, assistent aux mêmes exercices, entendent les mêmes instructions, se retrouvent dans les mêmes lieux ; en un mot, par le zèle, tous s'aiment, travaillent à se sanctifier et l'œuvre devient un séjour de bonheur. »

Après avoir ainsi établi la nécessité et les avantages de la charité fraternelle, l'abbé de Préville ne manquait pas d'en indiquer la vraie source et le seul foyer qui est le cœur de Jésus. De là ses exhortations incessantes à la communion fréquente et à la visite au Saint Sacrement. « Une des principales charges des gardes d'honneur est de rendre à Notre-Seigneur dans l'église le respect qui lui est dû. Notre-Seigneur est là ! cette seule pensée serait pour chacun de nous un préservatif contre les distractions. Dieu voit le moindre de nos efforts : Il est témoin de cette petite mortification que je m'impose : quelle pensée consolante ! »

Une autre fois, il disait à ses petits apôtres : « Que j'aime un enfant qui, après s'être réjoui de se trouver en la présence de Jésus et avec Lui, lui expose ses défauts, ses besoins, sa dissipation, sa paresse, ses mauvaises habitudes ! Oh ! oui, voilà la bonne manière de faire une excellente visite au Saint Sacrement ; et si tous, nous agissions ainsi, comme Jésus bénirait notre petite association ; comme nous deviendrions bons et aimants pour ce tendre Maître ! »

Quant à la communion, le directeur désignait, au début de chaque séance de congrégation, trois ou quatre membres chargés de recevoir la Sainte Eucharistie, le dimanche suivant. Lorsqu'une fête religieuse se présentait, tous les congréganistes se faisaient un devoir de communier, sans aucune demande de M. de Préville, mais par habitude de piété.

On le voit donc, Dieu était le maître de ces jeunes cœurs ; il régnait en conquérant dans ces âmes généreuses et les faisait agir. Et quand on a constaté, par une douce expérience, toutes les puissances de sacrifice et de générosité dont le cœur d'un jeune homme est capable, on peut se rendre compte des résultats qu'obtenait l'abbé de Préville, par le moyen de sa Garde d'honneur. C'était comme le bon levain qui conservait au patronage ses éléments de vitalité.

Du reste, M. de Préville éveillait fréquemment dans l'âme de ses congréganistes le noble sentiment et la responsabilité. « Si vous êtes bons, leur disait-il un jour, le patronage sera bon ; si vous êtes mauvais, notre œuvre se ressentira de vos dispositions médiocres. »

Et une autre fois : « C'est sur vous que l'œuvre repose ; c'est de vous que dépend sa marche. »

M. de Préville ne fut pas trompé dans ses espérances. Sa modeste congrégation de la Garde d'honneur fut, dans son œuvre, un véritable foyer de piété et de dévouement. Il le reconnut un jour devant les congréganistes eux-mêmes : « Dès le début du patronage, leur disait-il le 26 octobre 1879, j'ai compté sur vous pour la fondation de mon œuvre ; aujourd'hui qu'elle est parfaitement établie, c'est encore à vous qu'il appartient de travailler à sa prospérité. »

Ainsi, M. de Préville poussait à la perfection ses meilleurs enfants. Il en faisait, au sein de son œuvre, des auxiliaires précieux. Preuve nouvelle de la grande utilité des associations dans les œuvres de jeunesse, dans les maisons d'éducation et dans les paroisses. Il importe de les signaler et de les recommander à l'attention de tous les directeurs.

Il y avait, dans l'œuvre, un second moyen de sanctification auquel M. de Préville attachait une importance de premier ordre : nous voulons parler des Retraites.

Les retraites sont aujourd'hui en grand honneur dans le monde de la piété. Qui ne sait qu'elles sont éminemment l'occasion des fortes déterminations et des résolutions généreuses? Les maîtres en spiritualité sont d'accord avec l'expérience pour affirmer que rien ne peut remplacer ce puissant ressort de la vie morale.

Or, si nous regardons aujourd'hui sans étonnement les différentes catégories sociales participer aux diverses retraites qui sont données dans les maisons religieuses et dans les maisons spéciales de retraites, il était loin d'en être ainsi, au moment où M. de Préville ouvrait son œuvre de jeunesse. Seuls, les prêtres et les personnes consacrées à Dieu avaient ce privilège. Tous ceux qui ont souci de leur âme doivent donc une vive reconnaissance aux saints prêtres dont le zèle a généralisé ce moyen de conversion.

Parmi eux, l'abbé de Préville occupe une place de choix. Il n'épargna rien pour étendre les retraites. Il en prêcha dans toute la France ; retraites d'écoliers, retraites de première communion, retraites fermées. On était sûr de le trouver toujours disposé à accepter, lorsqu'on réclamait son concours pour ce ministère où il excellait.

Il y avait trois sortes de retraites au patronage du boulevard Eurvin, la retraite des enfants des écoles, la retraite des jours gras, et les retraites fermées.

La retraite des écoliers avait lieu vers la fin du mois de septembre, immédiatement avant la rentrée des classes. Elle durait trois jours et était suivie par des enfants de onze à quatorze ans, ayant fait leur première communion. Leur nombre s'élevait quelquefois à 180 et ne descendait jamais au-dessous de 150.

Le programme de cette retraite était fort chargé. M. de Préville avait pour principe de demander beaucoup aux enfants. Il jetait donc avec audace, ces petits retraitants dans la piété (1). Outre les trois instructions, il y avait la grand'messe, les vêpres solennelles, l'exercice du chemin de la croix et le rosaire tout entier, tout cela entrecoupé sans doute de récréations, mais de récréations dont la plus longue ne durait qu'une heure. Le jour de la clôture, les enfants faisaient la sainte communion. Et ils quittaient l'œuvre pour se rendre dans les diverses écoles de la ville, prémunis et armés contre les dangers qu'ils y pouvaient rencontrer. Ceci nous rapporte à plus de trente ans en arrière. Or, personne n'ignore que, depuis cette époque, il y a quelque chose de changé dans les écoles. Si les « retraites d'écoliers » étaient déjà très utiles au temps de l'abbé de Préville, nous pouvons dire dire qu'aujourd'hui elles sont absolument nécessaires.

Nous avons déjà dit quelque chose de la « retraite des jours gras » ; achevons, ici, de la faire connaître.

Elle commençait le samedi soir à huit heures et demie, et se terminait le mercredi des Cendres de grand matin. Quoi qu'elle fût premièrement des-

(1) *Messager de Notre-Dame des Apprentis*, octobre 1888.

tinée aux jeunes gens de Notre-Dame des Apprentis, les membres, désignés par le directeur de chaque œuvre des différents patronages de Boulogne, la suivaient ainsi que plusieurs jeunes gens d'œuvres étrangères à qui M. de Préville offrait l'hospitalité, avec l'espérance qu'il transporteraient cet exemple à leur pays. Les pensées d'apostolat n'abandonnaient jamais le zélé directeur. Malgré cela, le groupement des retraitants ne se faisait pas sans difficultés ; car tous les ateliers ne sont pas fermés, et les bureaux ne chôment pas tous, pendant les jours de Carnaval. M. de Préville faisait comprendre à ses enfants l'importance de la retraite et les excitait à demander respectueusement à leurs patrons la permission de suivre les exercices. Parfois, il faisait lui-même les démarches nécessaires en faveur des apprentis plus timides. Dieu y mettait sa grâce ; car les comptes rendus que nous avons sous les yeux, signalent la présence moyenne de 120 jeunes gens.

Jusqu'en l'année 1884, les retraitants, arrivés le matin, ne quittaient pas le patronage avant huit heures du soir ; on leur servait à dîner dans une des grandes salles de l'œuvre. C'était une dépense considérable qui n'était peut-être pas de première nécessité : M. de Préville le comprit et n'eut pas à se repentir de l'avoir supprimée, car il n'éprouva aucune perte sérieuse dans son personnel. Cette mesure lui procura plutôt l'avantage de voir disparaître certains enfants dont les vues peu surnaturelles étaient une médiocre préparation à l'action de la retraite.

Voici quelle était l'ordonnance de ces nombreux exercices :

Samedi, à 8 h. ½, ouverture de la retraite, chapelet, cantique, *Veni Creator*, instruction.

Chaque jour de la retraite :

8 h. ½, messe solenelle.

9 h. ½, récréation.

10 h. ¾, instruction.

11 h. ½, premier chapelet.

Dîner.

2 h. ½, deuxième chapelet.

3 heures, instruction.

4 heures, goûter et récréation.

5 h. ½, vêpres.

6 heures, instruction.

7 heures, récréation.

7 h. ½, chemin de la croix.

8 heures, troisième chapelet et salut.

Avis et départ.

Mercredi, première messe à 5 h. ½.

A 7 heures, messe de communion.

Remerciements au prédicateur.

Pendant les trois jours de retraite — jours de péché pour les mondains — le Très Saint Sacrement était exposé dans la chapelle du patronage. Les jeunes gens y venaient à tour de rôle, et par petits groupes, offrir leurs adorations réparatrices. Et de peur que l'entrain de la récréation ne leur fît oublier ce pieux devoir, M. de Préville désignait un « admoniteur » chargé de prévenir les camarades en retard ; mission que le saint directeur relevait singulièrement par les pensées de la foi, ainsi que nous le fait voir le règlement suivant :

« L'admoniteur doit se rappeler qu'il remplit la fonction que son bon ange a remplie tant de fois près de lui inutilement. Il s'en souviendra pour mettre beaucoup de patience et de douceur dans la manière dont il rappellera à chacun que son tour est venu de se rendre auprès de Notre-Seigneur, pour lui tenir compagnie.

« Cette fonction lui fournit l'occasion de se présenter souvent à la porte de la chapelle pour constater s'il y a toujours quelqu'un près du bon Sauveur.

« Il devra se faire une liste sur laquelle il mettra le nom de tous ses camarades, pour que chacun

puisse avoir le bonheur de passer quelques instants
près du divin Maître, qui nous fait l'honneur de
demeurer dans notre patronage. Qu'il se réjouisse
donc d'avoir été choisi pour cette belle fonction,
et qu'il sache profiter de toutes ces petites appa-
ritions à la chapelle pour tenir son cœur uni à
Notre-Seigneur ! »

Le sanctuaire était orné comme pour les grandes
fêtes de l'année. Un retraitant faisait les fonctions
de sacristain. M. de Préville, toujours surnaturel,
lui recommandait de prendre « garde de perdre
le fruit de la retraite, dans une trop grande préoccupation, en s'appliquant à diviniser ses actions,
et en se rappelant qu'il agit pour Notre-Seigneur
lui-même ». C'est dans cette atmosphère toute
céleste que les retraitants passaient les jours de
Carnaval. Ces heures de plaisirs coupables devenaient ainsi, pour eux, des heures de conversion et
de sanctification. Dieu les récompensait du sacrifice réel qu'ils s'imposaient. Parfois même, des
patronnés que M. de Préville ne pouvait amener à
la retraite étaient travaillés par le remords et venaient quelques semaines plus tard, « se jeter dans
le cœur du bon Maître ». C'était encore un des résultats de la grâce dont l'action victorieuse l'em-
portait sur le démon.

Avant de quitter les retraitants, le prédicateur donnait à chacun un « souvenir de retraite ». C'était un sujet religieux représentant quelque scène de l'évangile ou quelque trait de la vie des saints. Les heureux retraitants l'emportaient chez eux avec l'intention de lui donner une place d'honneur.

C'était après l'une de ces retraites du Carnaval que M. de Préville eut la joie de recevoir de son évêque l'encourageant témoignage que nous voulons citer :

Evêché d'Arras, 5 mars 1881.

« Cher Monsieur de Préville,

« Il m'en coûterait de ne pas vous exprimer avec quel consolant intérêt j'ai accueilli les détails que vous m'avez transmis sur la manière dont se sont passés, dans votre pieux asile, ces jours où le monde offre tant de dangers pour la vertu.

« Grâce à votre dévouement, que j'apprécie de plus en plus, bon nombre de jeunes gens ont trouvé des moyens de sanctification et d'affermissement dans leurs bonnes résolutions.

« Que le bon Dieu continue de bénir votre belle œuvre, et qu'elle soit, par les consolations qu'elle vous procurera, la récompense méritée d'un zèle qui ne recule devant aucun sacrifice, dès qu'il s'agit du salut des âmes.

« Agréez, mon cher abbé, l'assurance de mon affectueux dévouement en Notre-Seigneur.

« † J.-B.-J. Evêque d'Arras. »

Mais le couronnement de l'œuvre de M. de Préville fut « la retraite par groupe » ou « la retraite fermée ».

Dès qu'il eut connu ce puissant moyen de sanctification, il chercha à l'introduire dans le patronage de Notre-Dame des Apprentis. Or, lui-même nous a raconté, dans une sorte de directoire pour les retraites des jeunes gens, comment il avait été mêlé à cette œuvre, et ce qu'il en pensait. Citons ces pages qui sont de nature à faire beaucoup de bien :

« Quand je fus appelé (c'était en 1881) à prêcher, à Tilly, une de ces retraites par groupe, j'avoue que je fus légèrement épouvanté. Je ne me sentais guère préparé à ce ministère dont je ne voyais pas tout de suite la portée. Je ne savais pas encore combien il est profitable aux jeunes âmes. Si j'avais à demander pour la première fois un concours à un confrère, ma plus grande préoccupation serait de lui persuader qu'il doit être maître du cœur des jeunes gens après deux ou trois instructions. Il peut, à son gré, les pousser ou les arrêter, les jeter dans le cœur de Notre Seigneur ou les distraire au profit de n'importe quelle vanité. Je lui conterais aussi ce trait si frappant de la vie de M. Allemand : lorsqu'il était interrogé par un jeune homme sur une question sérieuse, ce saint prêtre répondait : « Attendez » et il se jetait à genoux pour savoir de Dieu quel était son désir dans ce cas particulier.

« Il faut donc que nous, qui avons l'honneur d'être les intermédiaires entre Dieu et les âmes dans les œuvres de retraite, nous soyons pendant ce temps, bien plus encore que pendant le reste de l'année, des hommes de prière et d'oraison. Notre direction doit être féconde, et elle le sera si elle vient de Dieu. La forme de nos discours n'aura pas grande importance, si Dieu n'y met la main. Et il l'y mettra d'autant plus que nous serons plus à Lui.

« Puis le prédicateur devra se convaincre, pour lui-même, de l'importance de la retraite qu'il se dispose à donner. Il se dira : « Que je ne sois pas la cause de l'insuccès de cette œuvre, par ma légèreté, par mon manque d'esprit de foi, ou par mon absence de générosité. » Plus nous serons pénétrés de cette importance, plus il nous sera facile d'en pénétrer les autres. »

Après ce début, l'abbé de Préville insiste immédiatement sur la nécessité de la « Direction » pendant les temps libres. Le prédicateur ne doit pas être un simple « sermonneur » ; il veut, avant tout, qu'il soit un « directeur ».

« Il sera bien utile que le prédicateur ait les matériaux de ses instructions tout prêts, afin qu'un simple regard lui suffise pour revoir ce qu'il doit dire, et qu'il puisse disposer de tout son temps pour la direction.

« Si, en effet, la direction est importante dans la vie ordinaire des œuvres de jeunesse, il est non moins important qu'il y ait quelquefois un *confirmatur* de notre direction habituelle. Or, c'est justement dans la retraite que se donne ce *confirmatur*. Par exemple, un jeune homme vient trouver le directeur de la retraite pour lui confier certaines difficultés. Par suite d'idées fausses, le retraitant n'a pas osé s'en ouvrir à son directeur ordinaire. Le directeur de la retraite lui montrera, avec discrétion, qu'il s'est maladroitement laissé prendre à un piège du démon.

« Il y a manière de dire tout cela, sans froisser ; et quand l'affaire est bien éclaircie, il faut profiter de l'influence acquise pour ranimer la confiance dans le directeur ordinaire. »

Deux choses contribuent à l'efficacité de cette direction donnée dans les retraites : la connaissance du cœur d'un jeune homme, et la compassion à l'endroit de ses faiblesses. « Il faut, continue M. de Préville, une grande compassion pour les « misères » des jeunes gens et une grande bonté pour encourager leurs moindres efforts.

« Si nous savions être bons, comme l'a été Notre-Seigneur pour les Apôtres ! Après trois ans de retraite sous sa direction, ils l'ont tous abandonné, et lui, dans sa miséricorde, est allé les rechercher, et il en a fait des saints.

« Jésus nous dit : *Discite a me quia mitis sum et humilis corde.*

« Oui, Seigneur, c'est vous qui nous faites cette leçon et nous aurions bien mauvaise grâce à ne pas l'accepter.

« Qui donc n'a pas besoin de se prêcher à soi-même la bonté, la douceur et l'humilité? Si l'on vient nous trouver quand nous seront accablés de fatigue, rappelons-nous la scène du puits de Jacob : *Jesus, fatigatus ex itinere,* attend cependant la femme de Sichar pour la convertir. »

Mais cette direction, pleine d'onction et de douceur, ne doit pas exclure, selon M. de Préville, l'esprit de pénitence. « Je crois, dit-il, qu'il est d'une importance capitale de profiter de ces retraites pour faire de nouveau passer dans les usages du peuple chrétien les mortifications corporelles. De tout temps, elles ont été employées par ceux qui ont tenu à se sanctifier.

« Il est bien étonnant que nous, prêtres, qui devons être les hérauts de la mortification, nous éprouvions tant d'hésitation à la présenter à des natures généreuses comme le sont celles des jeunes gens.

« Sans doute, il y aura bien à réprimer quelques abus, quelques enfantillages. Sans doute encore, le travail de chaque jour peut devenir entre les mains des jeunes gens un instrument excellent de discipline et de pénitence. Mais il faut qu'ils aient goûté de la pénitence corporelle, pour retrouver dans leur travail quelques traits de ressemblance. J'en ai fait l'expérience à Hardinghen, en 1883 : je m'en suis bien trouvé ; seulement le sujet demande à être sérieusement présenté. Ce n'est pas un jeu que l'on propose ; c'est une manière de réparer quelques-unes des plus grosses fautes de la vie passée, un moyen de se fortifier contre les défaillances de l'avenir. Il n'y a là aucune obligation stricte, mais un conseil donné à tous ceux qui se sentent attirés par l'âpre joie de souffrir pour Jesus et avec Jésus.

« Pour obtenir une sérieuse organisation de ces pénitences, il est nécessaire que chaque retraitant ait sa chambre particulière. Il est bon — pour empêcher les exagérations et les abus — que Dieu et le confesseur soient seuls à connaître ces efforts de mortification.

« J'aime assez les billets dans lesquels, sous le voile de l'anonyme, chacun raconte, le soir, les mortifications qu'il s'est imposées et le but pour lequel il se les est imposées. Quand elles seraient légèrement exagérées, elles ont pour effet de stimuler des volontés un peu paresseuses, et donneront la pensée de prier pour certaines intentions qui étonnent et qui charment en même temps. »

M. de Préville en arrive ensuite à parler du temps libre. « Ces retraites laissent entre les instructions un certain temps que nous appelons temps libre : moments éminemment précieux, s'ils sont bien employés ; moments très dangereux, s'ils sont mal dépensés.

« Le but de ce temps donné aux jeunes gens est de leur laisser la facilité de se recueillir et de revenir sur les vérités présentées au cours des instructions.

Un prédicateur ne peut pas dire à une âme tout ce dont cette âme a besoin. L'homme n'a point cette finesse de touche que le Saint-Esprit emploie pour vaincre une dernière résistance à la grâce. Le temps libre doit être consacré à l'examen de conscience, au retour sur les instructions entendues, à la contrition, à la prière. Je ne fais qu'indiquer ces choses mais elles doivent être soigneusement et fréquemment expliquées aux retraitants, sous peine de leur voir perdre ce temps si utile.

« Rien n'est plus capable de fixer l'esprit des jeunes gens que d'obtenir d'eux qu'il rédigent leurs impressions de retraite. Expliquons-leur les avantages des cahiers de retraite, surtout pour l'avenir ; que d'âmes abattues ont retrouvé le courage, en relisant ces pages écrites sous le regard de Dieu ! »

Un autre moyen de bien employer le temps libre est la visite au Saint Sacrement.

« Il devra toujours y avoir un ou deux retraitants à la chapelle, pendant les moments libres. Ici encore, la précision est nécessaire et permet au prédicateur de s'emparer de plus en plus de l'âme de ses auditeurs. Pour cela, il leur détermine utilement des intentions pratiques pour la visite à Notre-Seigneur. Il leur conseillera également la lecture de tel chapitre de l'Imitation dont un exemplaire se trouvera sur un prie-Dieu, à la chapelle.

« Il faut, si l'on veut tenir ces jeunes gens sous l'empire de la grâce, qu'ils se sentent, à chaque instant, une besogne précise à accomplir. Prévoyons donc le plus possible pour eux et pour nous. Procurons-leur des livres de lecture pieuse, afin de couper le temps ; puis nous pouvons insister sur la nécessité du silence dont l'oubli serait très préjudiciable au succès de la retraite. »

Il y a parfois une occasion de dissipation dans les repas pris en commun, et par conséquent un écueil. M. de Préville conseillait fortement la lecture au réfectoire comme remède à la dissipation. Cette lecture se terminait quelques instants avant la fin du dîner.

« La lecture au réfectoire, dit-il, est quelque chose de tout à fait nouveau pour la plupart de nos jeunes gens. Il faut profiter de cette ressource. Que la lecture soit choisie avec soin ; qu'elle soit attachante et sérieuse à la fois. Le merveilleux de la vie des saints gagne à être connu des jeunes gens. Ainsi je ne crois pas qu'aucune lecture les ait intéressés au même point que la vie de Dom Bosco.

« Le prédicateur pourra, avec avantage, faire entrer dans ses instructions les traits principaux de cette lecture, quand ils viennent en preuve de ce qu'il désire établir. Cela relève la lecture aux yeux des jeunes gens et les amène à chercher, une autre fois, les applications qu'ils peuvent se faire à eux-mêmes, de ce qu'ils ont lu. »

Ici une question sérieuse s'offre à notre attention : est-il bon de pousser les jeunes gens à recevoir la sainte communion, durant les jours de retraite, ou bien est-il préférable de s'en tenir à l'ancien usage de leur faire faire la communion, seulement à la cérémonie de clôture?

M. de Préville ne nous donne point, par raison d'humilité, son avis définitif sur cette question, mais il est facile de comprendre qu'il est plutôt pour la communion souvent reçue. Voici ce qu'il nous dit à ce propos :

« La première fois que je fus appelé à prêcher à Tilly, on me demanda d'encourager les retraitants à profiter de ces jours de grâce pour faire plus souvent la sainte communion. J'avoue que cet usage ne fut pas sans me surprendre, parce qu'il va contre toutes les habitudes des retraites que nous avons tous suivies dans notre jeunesse, et qui remblaient être, comme celle de la première communion, une préparation à une confession soignée et à une communion plus fervente.

« Mais en réfléchissant, je ne trouvai aucune bonne raison pour m'opposer à cet usage. Je m'y conformai donc, et comme j'étais seul à diriger la retraite, je poussai ce mouvement qui me parut bon et heureux.

« Je fis la même chose à Hardinghen, deux ans plus tard, puis dans quatre retraites différentes, en relevant mes observations personnelles et les impressions des retraitants....

« Je ne prétends rien faire de nouveau, ni diriger un mouvement contre l'impulsion des supérieurs ; mais sauf avis plus précis dans le sens négatif, je me sens pour la communion plusieurs fois reçue pendant les retraites. »

En réalité, l'abbé de Préville n'a qu'un désir, faire le plus de bien possible aux jeunes retraitants. Les dernières lignes de son précieux travail sur les retraites par groupes révèlent toujours la même préoccupation.

« Je crois aussi bien utile d'introduire, dans les exercices d'une retraite, les examens de midi, « à la Tronson », pour ouvrir et former la conscience de nos grands jeunes gens, sur leurs devoirs d'état.

« A l'heure où nous sommes, les rapports des ouvriers et des patrons sont tellement défigurés par les conversations des ateliers, qu'il importe de prémunir nos enfants contre un si grand danger. Ils sont, toute la journée, avec des hommes qui nient leurs devoirs de respect et de probité et qui pratiquent l'exploitation du patron par l'ouvrier. Attirons leur attention sur ce point délicat.

« Chaque prédicateur de retraite, chaque directeur d'œuvres, pourrait produire quelques examens de ce genre. Il en résulterait un arsenal dans lequel le directeur de retraite viendrait puiser selon les besoins des retraitants, selon les préjugés les plus enracinés dans chaque pays.

« En terminant, je pense qu'il serait très bon d'emprunter à la Vie des Saints, surtout à la vie des martyrs, de nombreux exemples ou traits édifiants.

« C'est une mine trop inexploitée. Quoi de plus beau que la générosité des quarante martyrs de Sébaste? Quoi de plus puissant pour mettre en lumière l'importance du salut? Les morts des saints sont belles et consolantes ! Quelle différence avec l'agonie et la mort des personnes du monde ! Tous les éléments d'une bonne retraite se rencontrent dans ces vies auxquelles on n'a pas assez recours. »

M. de Préville ne tarda pas à faire bénéficier ses propres enfants de ces trésors d'expérience et de dévouement, en ouvrant lui-même, dans son œuvre des retraites de ce genre. Les premières eurent lieu à l'orphelinat Saint-Joseph d'Hardinghen ; plus tard, elles furent données dans une maison de campagne de Saint-Martin-les-Boulogne. « A la première retraite, dit-il, je n'avais que neuf enfants avec moi... La caravane arrivée, je conduisis chacun à sa chambre ; puis à un signal donné, nous descendîmes au réfectoire, où je fis mes communications sur le règlement à observer. Lorsque sonna le couvre-feu, je fis le tour des cellules, sous prétexte de donner à chacun ma bénédiction, mais en réalité pour augmenter l'intimité et prendre, dès le commencement, la place de la mère absente.

« Cette visite est très utile ; elle fait le plus grand plaisir aux jeunes gens qui s'ouvrent alors définitivement ; on leur laisse, en partant, un mot d'encouragement et une promesse de visite pour le lendemain... »

Dans cette atmosphère de tendre dévouement, l'œuvre de Dieu se faisait. « La tenue des jeunes gens est excellente, disait encore M. de Préville, au sujet de cette première retraite ; il sont très heureux et semblent parfaitement disposés. Presque tous sont bien clairement sous l'impression de la grâce du bon Dieu. Nous n'avons qu'à louer et remercier Notre Seigneur. »

Pénétré de l'importance des Retraites dans les patronages des villes, l'abbé de Préville étudia le moyen d'en étendre le bienfait aux œuvres de la compagne.

Il est évidemment difficile de donner une retraite spéciale à ces patronages ruraux qui sont nécessairement restreints. Mais pourquoi ne chercherait-on pas une combinaison? M. de Préville croyait l'avoir trouvée en proposant de faire coïncider cette retraite du Patronage avec la retraite des Premières Communions. L'idée est excellente. Nous savons qu'on la réalise dans plusieurs œuvres de jeunesse. La présence d'un prêtre étranger, l'atmosphère de grâce que l'on respire durant une retraite sont des circonstances favorables à l'entreprise dont nous parlons. « Seulement, ajoutait M. de Préville, il est important que la retraite du patronage commence plusieurs jours avant la première communion, afin que les jeunes gens qui ne peuvent assister qu'aux instructions du soir aient au moins six ou sept réunions. Il est impossible en effet, qu'on ait le temps de prendre un peu pied sur eux si l'on n'a pas une série d'instructions à leur adresser. Il faut qu'ils puissent voir un peu, avec la grâce du bon Dieu, leurs devoirs et leurs défections. Moyennant cette précaution, une retraite spéciale pour les grands jeunes gens de l'œuvre ne peut que produire les meilleurs fruits. Aussi, suis-je bien déterminé à pousser le plus possible dans ce sens tous les prêtres qui font du patronage à la campagne.

Que le bon Dieu nous soit en aide dans tout ce bien qu'il est si important de faire, mais qui est si difficile ! Que le Seigneur nous donne des saints et nous rende saints nous-mêmes ! Il y a tant à faire, et, par nous-mêmes, nous sommes si faibles et si incapables ! »

A l'heure où chaque paroisse possède son patronage spécial, il n'y a rien de mieux à faire que de mettre à exécution la pensée de notre zélé directeur.

Nous avons beaucoup insisté sur l'action de M. de Préville par les retraites. Agir autrement, c'eût été laisser de côté l'un des points capitaux de sa vie sacerdotale. Pour lui, les retraites sont le plus important moyen de perfectionnement moral. Il y revient sans cesse, dans ses conversations, dans ses lettres, dans ses instructions. Son œuvre entière repose sur les retraites. Il nourrit le projet de les répandre partout, non seulement dans la ville de Boulogne, mais sur toute l'étendue du diocèse d'Arras et dans la France entière. Beaucoup de retraites d'hommes, qui se donnent chaque année à l'époque du carême dans plusieurs grandes villes et dans certaines paroisses ouvrières, lui doivent leur origine.

Il fallait donc en parler longuement. Mais ce que nous ne dirons pas, parce que c'est le secret de Dieu, c'est le bien que produisirent, dans l'œuvre du saint prêtre, les nombreuses retraites qu'il y fit donner.

Ses successeurs, puissamment encouragés par l'autorité diocésaine, se font un devoir de les continuer ; et aujourd'hui, comme il y a plus d'un quart de siècle, ces retraites sont l'occasion des plus belles victoires et des plus héroïques résolutions.

CHAPITRE XII

*M. de Préville dirigeant une Retraite de Jeunes Gens. —
Comment il la préparait. — Comment il la conduisait. —
Comment il essayait d'en assurer les fruits.*

Ce n'est pas assez d'avoir fait connaître, même
par le détail, les principes de l'abbé de Préville en
matière de retraite. La pratique parle plus élo-
quemment que la théorie. Peut-être donc y aura-t-il
quelque utilité pour les prêtres qui se dévouent aux
œuvres de jeunesse à considérer la façon dont il
organisait et conduisait ses retraites par groupes.

Avant tout, notre saint directeur préparait la
retraite par la prière. Non seulement lui-même
priait beaucoup pour le succès de ce ministère si
important ; mais il réclamait encore avec instance
les prières des autres. Il s'adressait particulièrement aux communautés religieuses dont il sollicitait les sacrifices ainsi que les pieux suffrages ;
et du fond de ces cloîtres, hélas ! aujourd'hui fermés, des âmes d'élite savaient attirer la grâce de
Dieu sur l'œuvre de la retraite. M. de Préville aimait à conserver les lettres de touchante adhésion

que lui adressaient dans ces circonstances les Supérieures des Couvents boulonnais.

Il s'attachait ensuite à recruter autant de retraitants que pouvait en contenir le local mis à sa disposition. Dix à quinze jeunes gens suffisaient ordinairement à composer le groupe nécessaire. M. de Préville en cherchait les éléments non seulement dans son patronage, mais surtout dans des œuvres différentes de la sienne, afin d'étendre le plus possible les bienfaits de la retraite.

Au jour et à l'heure fixés, la caravane se mettait en route sous sa direction. L'abbé de Préville connaissait parfaitement, pour les avoir préalablement parcourus en vue de la retraite, tous les chemins qu'il fallait suivre, ainsi que tous les détails du voyage. « Cette connaissance est utile, disait-il. Il ne devrait y avoir, dans une retraite de ce genre, rien de laissé à l'imprévu. » Il se faisait également accompagner d'un autre prêtre dont la présence lui était en même temps nécessaire pour le seconder dans le mouvement toujours complexe d'une retraite fermée, et pour donner pleine liberté aux jeunes gens, sous le rapport de la direction spirituelle.

A l'arrivée au siège de la retraite, on tirait au sort les chambres que devaient occuper les jeunes gens ; puis l'on se rendait au réfectoire pour le repas du soir. Quand il n'y avait pas de salle spéciale des « exercices » c'était au réfectoire que M. de Préville faisait ses premières communications aux retraitants. Le texte de cet entretien ne nous a pas été conservé. C'était plutôt, d'ailleurs, une simple causerie dans laquelle il esquissait d'abord familièrement le règlement de la Retraite, puis cherchant à s'emparer tout de suite de ses auditeurs, « il leur montrait bien clairement ce qu'il attendait d'eux, ce que Dieu leur demandait, et quels résultats ils devraient recueillir de ces jours de grâce ». — « Il importe, disait encore le sage directeur, de bien préparer cette première causerie qui me facilitera déjà beaucoup tout le reste de mon travail. »

C'était ensuite l'heure du coucher. Au moment du couvre-feu, l'abbé de Préville faisait à chaque cellule cette visite dont nous avons parlé au chapitre précédent, laquelle disposait les jeunes gens à une plus grande confiance et à une intimité plus parfaite à l'égard du directeur de la retraite.

Le lever avait lieu à six heures. La première journée débutait par une courte méditation dans laquelle M. de Préville complétait ce qu'il n'avait qu'ébauché la veille. Pour prendre plus d'ascendant sur ses jeunes disciples, il leur donnait l'exemple des Apôtres en retraite et les exhortait à suivre Jésus sur le chemin du sacrifice.

Ecoutons M. de Préville dans cette oraison :

« Je vous adore, ô mon Dieu, présent dans le Très Saint Sacrement. Vous êtes là, tout à côté de moi, derrière la porte du Tabernacle. Je sais que vous y êtes pour moi. Depuis de long mois vous attendez ces jours où nous allons pouvoir causer cœur à cœur. Dès longtemps vous me dites cette parole que vous avez un jour adressée à vos Apôtres : « *Veni, sequere me* — Venez, suivez-moi. » — Par ces paroles, vous les avez arrachés à leurs travaux et à leurs occupations de chaque jour, pour les fixer autour de vous et changer leur cœur ; pour en faire des hommes tout nouveaux, chargés de sanctifier le monde. Vous les avez tenus trois ans en retraite. Nous n'entrons en retraite que pour trois jours.

Les Apôtres, pour suivre Jésus, ont tout quitté. Saint Pierre, à l'appel de Jésus, quitte ses filets et son travail. Sous l'action de la grâce du bon Dieu, il devient un pêcheur d'hommes.

Saint Mathieu abandonne sa perception des impôts pour se mettre à la suite du Sauveur.

Notre-Seigneur rencontre Philippe et lui dit

aussi : *Sequere me,* suivez-moi ; et voilà que Philippe se met, lui aussi, à suivre Jésus.

Ne s'est-il pas passé quelque chose d'analogue pour nous? Nous avons entendu dire qu'il faisait bon, très bon, venir en retraite dans cette solitude. C'est peut-être même un attrait extérieur dont s'est servi Notre-Seigneur pour nous attirer ; mais puisque nous sommes maintenant en sa sainte compagnie, comme les apôtres, ouvrons nos cœurs à la sainte formation qu'il veut nous donner.

Pendant trois ans Jésus a instruit les Apôtres et a prié pour eux ; il leur a appris à prier et leur a donné l'exemple.

Il les a instruits, il leur a appris ce qu'ils devaient savoir et pratiquer. « Si quelqu'un veut venir après moi, qu'il se renonce soi-même, qu'il prenne sa croix et qu'il me suive. »

Se renoncer soi-même, c'est cesser de regarder sa volonté comme le guide de sa vie, pour ne prendre comme direction que la volonté du Seigneur, manifestée à nos yeux par les commandements de Dieu et de l'Eglise. C'est, coûte que coûte, faire notre devoir. C'est en arriver au point de dire avec les apôtres, que les autorités voulaient empêcher de prêcher Jésus-Christ : *Non possumus non loqui !* — Nous ne pouvons pas ne pas parler, nous ne pouvons pas taire les merveilles dont nous avons été les témoins.

Prendre sa croix et suivre Jésus, c'est faire, comme Notre-Seigneur et avec Notre-Seigneur, tous les sacrifices nécessaires pour lui demeurer bien fidèles, au risque même des moqueries et des méchancetés de nos camarades.

Prendre sa croix, c'est renoncer aux occasions du péché, quels que soient les attraits et les liens qui nous attachent au mal.

Prendre sa croix, c'est choisir la vertu que nous devons pratiquer pour augmenter les bénédictions de Dieu sur nous. Car qui n'avance pas recule dans le chemin de la vertu.

Je veux donc, ô Seigneur, profiter de cette compagnie que vous me permettez de vous tenir. Je tâcherai, à l'exemple des Apôtres, de me transformer à votre école, par votre grâce et par les exemples qui me seront donnés durant ces quelques jours.

O bonne mère du ciel, veillez sur votre enfant! Et de même que vous aidiez les Apôtres à comprendre les leçons de Jésus, quand vous me verrez découragé ou effrayé des luttes que j'aurai à soutenir, veillez sur moi, défendez-moi, protégez-moi dans l'obscurité. Je m'en remets à vous et je me confie tout à vous.

O Marie, conçue sans péché, priez pour nous. »

Après la méditation, les retraitants assistaient à la messe dans la chapelle de l'œuvre ou dans une salle que l'abbé de Préville transformait en sanctuaire, avec l'autorisation des Supérieurs ecclésiastiques. « Il est bon, disait-il, de ne pas commencer trop tôt la messe. Si on la commence exactement à sept heures, il reste trop de temps après la messe pour l'employer convenablement. Il faut songer que nos jeunes gens sont depuis le matin en prière et en oraison. » C'est en vertu de ce principe que M. de Préville donnait une assez longue récréation après le petit déjeuner, récréation qu'il dirigeait et à laquelle il se mêlait. Ses jeux de prédilection étaient, en retraite ainsi qu'au patronage, les jeux mouvementés.

A 8 h. 45, réunion à la chapelle pour le premier chapelet et pour la première instruction. M. de Préville commençait cet exercice par une glose importante sur la nécessité et le caractère de la « direction ». « Je ne fais plus une seule retraite, disait-il en 1883, sans affirmer, dès le début, la nécessité d'aller visiter le prédicateur en direction. Pour cela, il faut qu'il y ait dans la maison une salle d'accès facile où les retraitants puissent se rendre sans surveillance, si c'est possible. La conversation au confessionnal ne suffit pas. Elle fait moins de bien que la direction. Mais la salle doit être bien choisie, chauffée en hiver, bien éclairée en été, où l'on puisse causer à loisir de la pluie, du beau temps et de toutes sortes de choses. »

C'est par cette transition familière que M. de Préville en arrive à parler de la nature de la « direction », qu'il rapporte à cinq points principaux.

« Vous devez d'abord, disait-il à ses jeunes gens, parler en direction des péchés que vous commettez avec le plus d'advertance, surtout de ceux dans lesquels vous tombez par habitude, sous l'influence de la passion dominante.

« Puis, vous examinez avec votre directeur les dangers qui résultent de vos occupations quotidiennes, des lieux et des personnes que vous fréquentez.

« Vous exposez ensuite votre désir de changer vos habitudes ; et si la chose n'est pas encore décidée, vous faites choix d'un état de vie. Ce choix est de la plus grande importance ; il ne doit s'effectuer que selon l'avis d'un directeur instruit et éclairé.

Un autre point, également digne d'être étudié, regarde les bonnes œuvres que vous accomplissez, telles que les prières, les oraisons, les mortifications, les résolutions dont votre existence est remplie.

« Vous détaillez enfin votre vie de chaque jour. »

« La direction ainsi envisagée, ajoutait l'abbé de Préville, aura pour effet de doubler vos forces, de vous faire gagner du temps et retrouver votre route au milieu de toutes les difficultés. »

Cette glose terminée, on récitait le premier chapelet. Chaque dizaine était précédée d'une petite intention qui préparait les retraitants, d'une façon immédiate et bien déterminée, au sermon qui allait suivre, ainsi qu'on va le voir :

Première dizaine.

Nous prierons la Sainte Vierge de nous inspirer une vive horreur du péché.

Deuxième dizaine.

Nous demanderons à la Sainte Vierge de nous faire voir bien clairement nos péchés.

Troisième dizaine.

Nous demanderons pardon de tous les scandales que nous avons pu donner dans notre vie.

Quatrième dizaine.

Formons une ferme résolution de ne jamais plus commettre de péché.

Cinquième dizaine.

Action de grâces de n'être pas mort dans l'état de péché et prière ardente pour obtenir le courage d'en sortir.

Le prédicateur commençait alors son instruction sur le « péché mortel. » Il s'attachait surtout à montrer les horribles ravages du péché dans le cœur du jeune homme. Puis il établissait que, même dans un patronage, il est possible de commettre le péché mortel. Est-ce que les anges ne se sont pas perdus dans le ciel même? N'est-ce pas au Paradis terrestre que le premier homme a commis la première faute? Malgré toutes les grâces de Dieu, malgré les soins vigilants dont il est entouré au Patronage, le jeune homme peut tomber dans la honte d'un péché mortel...

Cet exercice était suivi d'une heure de « temps libre », c'est-à-dire d'une heure laissée aux retraitants pour la confession, ou pour la direction, où pour les lectures et méditations personnelles.

A 10 h. ½, M. de Préville réunissait ses jeunes gens à la chapelle pour une deuxième instruction. C'était alors qu'il traitait ce sujet de la « mortification » qui lui tenait tant à cœur. Il établissait d'abord la nécessité de la pénitence pour la jeunesse, se réservant d'en indiquer la pratique dans une réunion ultérieure. « Je crois qu'il est temps d'accentuer la note de mortification, écrit M. de Préville dans ses souvenirs, non seulement pour bien employer le temps de la retraite, mais encore pour faire entrer cet esprit de pénitence dans la vie de tous les jours, pour aider les jeunes gens à se dégager de ces piétés mièvres qui craignent tout ce qui ressemble à un sacrifice. Si nous pouvons atteindre ce résultat, nous aurons rétabli le sens chrétien dans la vie de quelques ouvriers. » Cette doctrine que l'abbé de Préville exposait avec une sainte énergie faisait une profonde impression sur les retraitants.

De 11 heures à 11 h. 3/4, nouveau temps libre. Puis, avant le dîner, réunion à la chapelle pour l'examen particulier. Donnons ici le texte du premier examen qui portait « Sur les devoirs d'un jeune homme envers Dieu. »

Examen sur les Devoirs d'un jeune homme envers Dieu.

I

« Adorons Notre-Seigneur Jésus-Christ rendant à Dieu son Père, dans toutes les circonstances importantes de sa vie, l'honneur qui lui est dû. Jamais Jésus ne se glorifie de ce qu'il fait. Mais il en renvoie toujours l'honneur à Dieu. Il ne fait rien de quelque importance sans prendre le temps de consulter Dieu dans une prière longue et fervente. Oh ! que ma vie serait meilleure, comme elle serait plus édifiante, si je prenais ainsi le soin d'appeler chaque jour, et, à chaque circonstance grave, Jésus à mon secours.

Guidez-moi, Seigneur, dans cette recherche que j'entreprends des fautes que j'ai commises contre le service de Dieu.

I I

Ai-je toujours accompli, aussi courageusement que je l'aurais dû, tous mes devoirs envers Dieu ?

Avec quel soin ai-je offert mon cœur à Dieu, le matin, à mon réveil ? Avec quelle confiance ai-je imploré le secours de la Sainte Vierge et de mon bon ange ?

Ai-je fait, chaque jour et tout entière, ma prière du matin ?

Ai-je fait, chaque matin, quelques minutes de méditation et de lecture pieuse ?

Quelle a été ma fidélité à assister à la sainte messe et aux vêpres ?

Pendant la semaine, ai-je fait effort pour assister à la messe?

Ne m'en suis-je pas trop facilement dispensé?

Ne me suis-je pas souvent laissé entraîner aux distractions volontaires?

Ai-je prié dans les tentations? dans un travail difficile? dans les occasions dangereuses?

Ai-je été fidèle à ma prière du soir? La fatigue ne m'a-t-elle pas bien souvent endormi, pour n'avoir pas su faire ma prière un peu plus tôt, aussitôt mon retour du travail, par exemple?

N'aurais-je pas pu la faire chez moi en commun, avec tous mes parents, ou du moins avec ma mère, ma sœur, mon frère?

N'ai-je pas ainsi, par faiblesse, perdu une bonne occasion de faire du bien?

Ai-je fait mon examen de conscience avant de me coucher?

Ai-je récité chaque jour mon chapelet ou une partie de mon chapelet selon qu'il était convenu avec mon confesseur?

Ai-je eu soin de faire chaque jour quelque lecture de piété?

Me suis-je confessé chaque semaine, ou du moins me suis-je bien conformé à cette règle de ne jamais me coucher avec un péché grave sur la conscience?

sans avoir mis ma conscience en paix par une bonne confession, ou un acte de contrition, si je n'ai pu me confesser?

Ai-je fait chaque jour ma petite visite au Saint Sacrement?

Ai-je observé les commandements de l'Eglise sur l'abstinence?

III

Mon Dieu, je vous demande pardon d'avoir si peu tenu compte, jusqu'à présent, de mes devoirs envers vous. Je me suis donné tant de peine pour des choses insignifiantes ; et tout ce qui regardait mes devoirs envers vous, je le mettais de côté.

Faites-moi, s'il vous plaît, la grâce de profiter de cette retraite, pour mettre votre service au premier rang de mes occupations, et de mériter ainsi d'être par vous comblé de grâces pendant le cours de ma vie, en attendant que j'aille jouir au ciel du bonheur que vous promettez à vos élus. Ainsi soit-il. »

Durant le repas de midi, on faisait une lecture publique. M. de Préville donnait toujours de sages conseils aux retraitants, en vue de les aider à profiter de cette lecture au réfectoire. Il se servait, du reste, des moindres détails du règlement « pour prendre son monde et en tirer parti ».

Les retraitants avaient ensuite leur récréation jusqu'à deux heures, en compagnie de leur cher directeur et du prêtre qui l'assistait. Puis avait lieu la « conférence ». C'est au cours de cette réunion que l'abbé de Préville enseignait à ses auditeurs la pratique de la mortification. A cette occasion, il se plaisait à recommander avec instance, aux prédicateurs des retraites de jeunes gens, l'ouvrage intitulé « Les Prêtres du Sacré-Cœur de Marseille ». — « On trouve là, disait-il, des récits de mortifications et de généreuses industries que je ne crois avoir rencontrés dans aucun autre livre. On peut comprendre par ces traits, ajoutait-il, jusqu'où peut aller la générosité de la jeunesse. » S'autorisant de ces traditions, M. de Préville demandait d'abord à ses jeunes gens de s'abstenir de fumer pendant la retraite. « Si l'on en a trop l'habitude pour s'en priver complètement, on doit demander aux directeurs de la retraite l'autorisation de fumer ; et encore on ne doit le faire que dans le jardin, loin des autres retraitants. » Puis il entrait résolument dans la voie des pénitences positives et réclamait de ses jeunes gens l'usage des instruments de discipline, l'exercice du chemin de la Croix à genoux, les prières, les bras en croix, etc. ; et comme pour faire mieux agréer de Dieu ces sacrifices, il leur conseillait d'écrire des billets dits « billets de mortification » qui étaient déposés près de l'autel et desquels on donnait lecture le soir, au *Miserere*. C'est après l'une de ces expériences que M. de Préville écrivait : « Les pénitences : le bracelet, les cailloux dans les souliers, le chapelet, les bras en croix, tout cela a eu une assez sérieuse réussite. Il s'y mêle, comme dans toute chose nouvelle et extraordinaire, une pointe d'exagération ; par exemple, emporter des marques au Patronage pour faire voir aux camarades que l'on s'est mortifié ; mais il sera facile d'y porter remède une autre fois. »

Jusqu'à quatre heures, temps libre. On se rendait alors à la Chapelle où l'on récitait le deuxième chapelet médité afin de se disposer à entendre la dernière instruction. M. de Préville abordait, au soir de cette première journée, le grand sujet de « La Mort ». « Je m'attache, disait-il, à rendre cette instruction aussi saisissante que possible ; à presser et soigner tous les détails dans l'étude que je dois faire de ce grave sujet. » Sa méthode consistait surtout à insister fortement sur les regrets que l'on éprouve au moment de la mort, lorsqu'on a cédé à l'amour du plaisir, à l'appât de l'argent, à mille illusions dont les hommes sont trop souvent victimes. « Mes pauvres enfants, s'écriait-il, après avoir tracé ce tableau, mes pauvres enfants, quelles excuses pour nous présenter devant Dieu ! » Il plaçait ensuite ses retraitants devant la tombe de ceux que la mort avait fauchés en pleine jeunesse, en pleine prospérité, et qu'ils avaient pu connaître. « Approchez, leur disait-il, approchez de ce cercueil, ne craignez rien. Vous aurez sous les yeux un spectacle utile à contempler. Voyez : voilà tout ce qui reste de ce jeune vaniteux. Une horrible puanteur s'exhale de ce tombeau. Et voilà ce que nous serons nous-mêmes. Que nous servira-t-il d'avoir si bien nourri ce corps, de l'avoir si délicatement entretenu, pour qu'il devienne ensuite une chose hideuse à voir? »

C'est sur ces émouvantes pensées que la soirée s'achevait. On couronnait la journée par une visite au Saint-Sacrement pendant laquelle on récitait le troisième chapelet. Puis le souper avait lieu ; et, après une récréation animée qui durait environ une heure, on sonnait le couvre-feu.

Dans la pensée de M. de Préville, la deuxième journée, que nous allons parcourir rapidement, avait pour but de « préparer immédiatement les âmes à la grâce de l'absolution ». C'est vers ce but qu'il faisait converger toutes les instructions.

L'oraison du matin avait pour objet la Passion de Notre-Seigneur. « Il importe de bien soigner cette méditation, écrivait l'abbé de Préville : le fruit de la seconde journée en dépend. » Il s'attachait donc à considérer successivement chacune des plaies de Notre-Seigneur, à en sonder la profondeur, et à réfléchir sur la part que les pécheurs peuvent avoir à ces souffrances.

Comme sujet de glose de ce deuxième jour, M. de Préville examinait la nécessité pour les jeunes gens de bien soigner leur cahier de retraite. Non seulement il y voyait un moyen d'occuper la plus grande partie des temps libres, mais il se plaisait encore à y suivre d'une manière frappante l'action merveilleuse de la grâce de Dieu. Aussi se faisait-il un devoir de mettre à la disposition de ses retraitants le papier, les plumes et l'encre nécessaires à cette rédaction. Puis, dans la journée, il revenait souvent sur cette question du « Cahier de retraite ». Parfois aussi, il demandait la permission de jeter un coup d'œil sur ces résumés, afin d'encourager et de presser davantage, s'il en était besoin.

Pour achever de gagner les natures les plus difficiles, M. de Préville parlait, dans les instructions de ce jour, du jugement particulier et de l'enfer. La méditation des « Grandes Vérités » fait toujours impression sur les âmes. Après avoir montré les rigueurs de la justice divine, l'orateur dépeignait le sort fortuné des jeunes gens qui savent résister à l'entraînement de la chair et du monde, puis, en finissant, il redisait les infinies beautés de la miséricorde de Dieu.

On récitait le chapelet dans les mêmes préoccupations, ainsi que le montrent les intentions suivantes :

Première Dizaine.

Nous honorerons Notre-Seigneur qui nous a amenés en retraite, pour augmenter dans notre cœur l'horreur que nous éprouvons pour l'enfer.

Deuxième Dizaine.

Nous supplierons la Sainte Vierge d'exciter en nos cœurs, par la pensée des supplices éternels, un ardent désir de sortir du péché pour n'y plus retomber.

Troisième Dizaine.

Nous demanderons à la Sainte Vierge de nous montrer le défaut que nous devons combattre pour devenir de vrais chrétiens.

Quatrième Dizaine.

Nous prierons la Sainte Vierge pour les ouvriers qui sont morts aujourd'hui, et qui meurent en ce moment, afin que le bon Dieu leur inspire un bon acte de contrition.

Cinquième Dizaine.

Nous prierons la Sainte Vierge de nous aider à faire une bonne et sainte confession.

Les conférences, plus familières de ton et d'allure, roulaient sur la confession. C'est un sujet d'une extrême importance qu'il est nécessaire d'analyser en détail durant une retraite. M. de Préville lui consacrait deux entretiens. Quant à l'examen particulier, il portait sur les devoirs d'un jeune homme chrétien à l'atelier. En voici le texte :

EXAMEN SUR LES DEVOIRS D'UN JEUNE HOMME CHRÉTIEN A L'ATELIER.

I

« Adorons Notre-Seigneur travaillant dans l'atelier de saint Joseph. Quelle obéissance et quel respect pour saint Joseph ! Quel courage ! Quel soin des objets qui lui sont confiés ! Quelle exactitude aux heures du travail ! Quel respect du temps et

des outils, et généralement de tout ce qui apparte-
nait à saint Joseph !

II

Quels sentiments ai-je au fond de mon cœur pour mon patron? Ai-je pour lui le respect et l'obéissance que je dois avoir?

Quelle est mon exactitude à arriver à l'heure à l'atelier? Me suis-je accusé du tort que j'ai pu faire en arrivant trop tard à mon travail ?

Ai-je traité les outils et les objets appartenant à mon patron avec le même soin que s'ils m'appartenaient à moi-même?

Ai-je grand soin de réparer mes pertes de temps par une activité plus grande, capable de compenser le tort que j'avais pu faire ?

Ne me suis-je pas trop facilement attribué des objets qui appartenaient à mon patron, sous prétexte qu'il avait le moyen de les remplacer?

Quel respect et quel soin ai-je eu de la réputation de mon patron ?

N'ai-je pas souvent pris plaisir à le dénigrer moi-même ou à l'entendre dénigrer par les autres?

Quel courage ai-je eu pour me montrer ce que je suis, sans forfanterie, comme sans lâcheté? N'ai-je pas souvent, par respect humain, manqué de défendre la religion et les prêtres?

N'ai-je pas souvent été trop craintif, pour interrompre une conversation trop libre ou indécente, quand je l'aurais pu?

Me suis-je opposé au mal que l'on voulait me faire ou me faire voir?

Ai-je courageusement refusé les livres ou journaux mauvais que l'on m'offrait?

Ai-je évité de vexer lâchement ceux qui étaient les souffre-douleurs de l'atelier?

Ne me suis-je pas, au contraire, amusé moi-même à leur faire de la peine?

III

O mon Dieu ! quelle belle récompense vous accorderez à un ouvrier chrétien qui se sera toujours bien conduit à l'atelier ! Quelle gloire n'aura-t-il pas pour avoir ainsi, chaque jour, à chaque instant du jour, tenu son cœur uni au vôtre pour résister à tout ce mal qui se fait autour de lui !

O Jésus ouvrier ! aidez-moi à demeurer un ouvrier chrétien ! »

Ainsi s'écoulait la deuxième journée de la retraite.

Le dernier jour d'une retraite est d'une importance décisive. Il doit contribuer à établir de solides convictions dans le cœur des retraitants et à assurer l'avenir au moyen d'énergiques résolutions. Aussi M. de Préville commençait-il cette troisième journée par une méditation solide sur l'importance du salut. Telle n'est pas, cependant, la méthode ordinaire des prédicateurs de retraites, qui placent cette instruction de préférence au début des exercices ; mais, à la réflexion, il est facile de justifier et d'approuver le système de l'abbé de Préville. Rien, en effet, n'est plus efficace pour déterminer les volontés hésitantes que cette méditation sur le salut. Les Vies des saints renferment à ce sujet des exemples suggestifs.

A midi moins le quart on faisait l'examen particulier « sur les Devoirs d'un jeune ouvrier chrétien envers ses Parents et envers lui-même. »

EXAMEN SUR LES DEVOIRS D'UN JEUNE OUVRIER CHRÉTIEN ENVERS SES PARENTS ET ENVERS LUI-MÊME.

I

« Adorons Notre-Seigneur traitant avec tant d'honneur la Sainte Vierge et saint Joseph, ses parents ! Quel beau modèle d'obéissance ! *Erat subditus illis* — il leur obéissait quand ils commandaient, comme quand ils défendaient quelque chose.

Adorons aussi Notre-Seigneur rendant à saint Joseph mourant les derniers devoirs. Quel ne fut pas son empressement à le soigner durant sa maladie et jusqu'à son dernier soupir !

II

Ai-je toujours bien honoré mes parents?

Les ai-je aimés? leur ai-je voulu et fait tout le bien que je pouvais?

Ai-je été prévenant pour eux? complaisant envers eux?

Ai-je supporté patiemment leurs défauts ?

Leur ai-je toujours obéi dans tout ce qu'ils m'ont ordonné de conforme à la loi de Dieu?

S'ils m'ont ordonné des choses défendues, ai-je eu le courage de leur refuser bien simplement de faire ce que le bon Dieu ou l'Eglise défendait ?

Ai-je obéi promptement?

Ai-je obéi joyeusement et sans murmurer?

Ne me suis-je pas contenté souvent de faire semblant d'obéir?

Ai-je aidé mes parents autant que je l'ai pu ?

Ai-je rapporté fidèlement à la maison ce que je gagnais ?

N'ai-je pas souvent gardé quelque chose sans le leur dire ?

Ai-je chaque jour prié pour eux?

Ai-je veillé sur eux pendant leur maladie?

Ai-je soulagé mes vieux parents et n'ai-je pas, regardé cette obligation comme une lourde charge, tandis que ce n'est qu'un devoir pour moi de leur rendre ce qu'ils m'ont prodigué de soins pendant mon enfance?

Ai-je prié et fait prier pour eux après leur mort?

Ai-je été gourmand — dans le boire ou le manger?

Ai-je été paresseux?

Me suis-je laissé aller à l'impureté ?

Ai-je eu soin de m'instruire sur la religion, en repassant mon catéchisme et en suivant les instructions qui m'étaient faites?

Ai-je cherché à devenir habile dans ma profession?

Ne me suis-je pas contenté de savoir mon état tant bien que mal?

III

O mon Dieu, qui promettez une longue vie, la vie éternelle, à celui qui honore ses parents, donnez-moi le courage de vaincre pendant cette retraite mes mauvais instincts sur ce point ! Donnez-moi aussi de comprendre bien la parabole des talents et de me souvenir que vous me demanderez compte du peu qu'aura produit en moi le talent que vous m'avez confié.

Que je devienne, Seigneur, un bon et un saint ouvrier ! »

Comme moyen d'assurer leur avenir spirituel, notre directeur indiquait à ses retraitants la pratique de l'apostolat et la dévotion à la Sainte Vierge Marie. Qu'on nous permette de citer cette instruction qui nous a été conservée et qui donne une assez juste idée du genre oratoire de l'abbé de Préville.

L'APOSTOLAT ET LA DÉVOTION A LA SAINTE VIERGE.

Mes chers amis,

Pendant ces quelques jours, nous avons médité les grandes vérités ; et, sous l'impression de ces pensées graves et austères, nous avons pris des résolutions bien sérieuses. Nous nous sommes promis de déclarer une guerre à mort à nos mauvaises habitudes ; nous avons décidé de pourchasser le diable jusque dans ses ruses les plus cachées, en un mot, de ne prendre de repos qu'après une victoire complète.

Aujourd'hui, je veux vous prévenir contre le découragement. Vous avez, j'en suis convaincu, fait une bonne et sainte retraite ; j'ai vu, pour ainsi dire, la grâce pénétrer vos âmes en même temps que ma parole pénétrait dans vos esprits. Il s'agit aujourd'hui de vous prémunir contre quelques dangers en vous indiquant les remèdes les plus propres à les combattre.

Le premier et le principal danger que rencontrent des jeunes gens ardents et généreux, c'est de croire que la lutte est terminée, parce qu'ils se sont résolus à lutter vigoureusement.

Ne croyez pas que le démon va se reconnaître vaincu, parce que, pendant les premiers jours qui vont suivre la retraite, vous allez être tout autres à son égard. Croyez bien que telle ne sera pas sa tactique vis-à-vis de la plupart d'entre vous. Non, il vous laissera, au contraire, bien paisibles pendant les premiers jours, pendant quelques semaines, peut-être même pendant quelques mois. Mais bientôt il profitera, par exemple, des premières effluves du printemps, pour se présenter à vous sous des dehors bien séduisants : ce sera une toute petite faute dont il vous offrira l'occasion ; il vous distraira même pendant qu'il vous la fera commettre, pour en diminuer l'horreur. Ainsi quand, le soir, vous vous examinerez, vous verrez qu'il y a dans votre cœur quelque chose de louche ; mais il vous sera difficile d'en apprécier le degré.

Cela fera naître, dans votre cœur, certain trouble, certain malaise qui, si vous n'y prenez bien garde, ne manquerait pas de vous amener à penser au mal, à y réfléchir.

Aussi, dans ce cas, le seul conseil vraiment utile que je puisse vous donner, c'est de faire une bonne prière, et de confier ce petit trouble, cette petite faute à votre confesseur, et mieux encore à votre directeur.

Parce que vous aurez fait la retraite, vos ateliers ne seront pas meilleurs. Vos camarades ne seront point changés. Les occasions de péché d'autrefois, vous les aurez encore. Mais ce qui est changé, c'est que Jésus est avec vous, et *si Deus pro nobis, quis contra nos*, si Dieu est avec nous, qui donc oserait être contre nous?

Voilà donc la situation. Vous étiez, avant la retraite, des amis du démon ; pendant la retraite, vous êtes devenus ses ennemis, et les amis de Notre-Seigneur. Il y a lieu de penser que le tentateur n'est guère satisfait de ce changement et qu'il vous prépare quelques mauvais tours de sa façon.

Comment faire donc pour le tenir à distance?

Nous célébrons aujourd'hui la fête de l'Immaculée Conception de la Sainte Vierge. Ce n'est pas sans intention que votre cher directeur a choisi cette belle fête pour terminer notre retraite. Sa pensée a été, j'en suis certain, que vous emportiez de ces jours de bénédictions un ardent amour de la Sainte Vierge.

Je vous en ai parlé au commencement de ces saints exercices. J'ai parlé aussi, à la messe, des merveilles opérées, dans notre pays, par la récitation du chapelet. Si, pendant cette retraite, vous avez senti, de temps en temps, votre cœur touché, c'est que là-bas, sur le bord de la mer, vos camarades de Boulogne récitent, tous ensemble, leur chapelet pour vous.

Nous aimerons donc la Sainte Vierge, parce que c'est elle qui a été choisie de Dieu même pour écraser la tête du serpent. C'est elle qui a pour mission de nous protéger et de nous défendre contre des attaques incessantes ; et déjà vous avez constaté son influence sur vous, depuis que nous avons, chaque jour, récité le chapelet.

Le chapelet, si vous y êtes fidèles, sera pour vous une véritable sauvegarde ; mais, prenez bien garde de vous en dépouiller, de le laisser chez vous, et de vous habituer à vous en passer. Il est impossible qu'un fidèle enfant de Marie périsse. Donc, ayez votre chapelet et servez-vous-en souvent, souvent.

Le chapelet et son usage vous font entrer dans ce moyen principal de la persévérance : la prière. Qu'il y ait même, chaque jour, dans votre chapelet, une dizaine pour votre persévérance et celle de vos camarades. Cela m'amène à vous parler d'un moyen bien efficace de persévérance, à savoir l'apostolat.

Mandavit unicuique de proximo suo.

Dieu a confié à chacun le soin du salut de son prochain. Je voudrais, qu'en terminant cette retraite, vous acceptiez, comme moyen essentiellement pratique de persévérance, le soin de vous garder les uns les autres.

Il ne se peut trouver de réunion comme celle-ci sans que, de temps en temps, il arrive que l'un de ces jeunes gens ne se trouve entraîné, ou par une occasion ou par un camarade. Eh bien ! c'est dans ces cas, que je demande, de votre part, un acte de charité.

Il y a un an ou deux, au cercle Montparnasse, à Paris, un jeune homme avait fait une mauvaise connaissance et se dérangeait tout à fait.

Le directeur du conseil déclare qu'il va être obligé de signifier son congé à ce jeune homme. Les membres du même conseil, qui aimaient beaucoup ce camarade, autrefois l'un des meilleurs parmi eux, demandent au directeur du cercle de vouloir bien patienter quelque temps, parce qu'ils ont déjà commencé à le ramener. Ils se sont attribué cette besogne et ils espèrent pouvoir le détourner de cet ami qui l'entraîne.

Le directeur, heureux de voir cette bonne volonté des conseillers, donne de grand cœur la main à cette petite conspiration, et comme les conseillers regardent le directeur du patronage, M. Maignen, comme un vrai père, ils lui disent : « Voilà ce que nous voulons faire et ce que nous avons fait. » Les jeunes gens échangent quelques petits moyens que M. Maignen leur indique, et quelques semaines ne se sont pas écoulées, qu'ils amènent leur camarade repentant et confus, demandant pardon.

Le directeur, tout heureux, lui raconte ce qui s'est passé et lui dit de remercier et d'embrasser ses amis qui ont obtenu à force de prières et d'instances ce beau résultat.

S'il faut être bon camarade quand un enfant du patronage commence à se détacher de l'œuvre, il faut surtout l'empêcher de s'éloigner en cherchant par tous les moyens possibles à le faire s'amuser dans l'œuvre. Que chacun s'oublie soi-même pour ne penser qu'aux autres : c'est là le meilleur moyen de persévérer.

Aimer ses camarades, se dévouer tous les jours pour les aider à s'amuser, les consoler et les secouer quand il croient qu'ils doivent s'ennuyer ! *Mandavit unicuique de proximo suo.* Dieu a donné à chacun de nous le soin de veiller sur son prochain. Et remarquez bien que votre honneur y est engagé.

Si l'on parle mal de tel camarade, tous les enfants de l'œuvre sont généralement compris dans ce blâme. Si l'on remarque que les grands ne sont pas fidèles, les méchants, que votre persévérance gêne, parce qu'elle est un reproche vivant de leur infidélité, ne manquent pas de grossir le nombre des déserteurs et de dire qu'à l'œuvre de la jeunesse, il n'y a que des enfants, qu'il y est défendu d'aller au bal, au café, au concert ; que cela est bon seulement pour les enfants. Et tous les auditeurs, qui ne sont pas courageux, de conclure: Oui, oui, c'est impossible. Ah ! qu'il serait plus beau d'entendre dire : Voyez ces enfants de l'œuvre, comme ils s'aiment les uns les autres, comme ils se soutiennent, comme ils se défendent contre les attaques de ceux qui ne sont pas comme eux.

Mettons cette résolution et cette pensée au nombre de celles qui nous doivent devenir familières : « Aimer mes camarades assez pour me dévouer pour eux et pour les obliger, à force de bonté et d'efforts, à se plaire avec nous. »

Nous sommes nombreux, mais pas assez unis, pas assez fiers d'appartenir à cette œuvre. Devenons fiers de notre œuvre, de notre piété, de notre dévotion, et fiers surtout de demeurer chrétiens ! »

Durant la récitation du chapelet, les intentions s'inspiraient des mêmes pensées de conversion et de salut. Les voici, telles que M. de Préville les formulait :

Première Dizaine.

Nous nous rappellerons que la seule chose importante pour nous, c'est de faire notre salut ; le reste n'est rien ; puisque le reste ne dure que quelques années.

Deuxième Dizaine.

Nous penserons que de l'état dans lequel sera notre âme au moment de la mort dépendra notre sort éternellement heureux ou malheureux. Nous prierons la Sainte Vierge de ne pas nous laisser mourir subitement.

Troisième Dizaine.

Nous nous souviendrons que généralement on meurt comme on a vécu. Nous demanderons à la Sainte Vierge de bien vivre pour bien mourir.

Quatrième Dizaine.

Nous nous rappellerons que depuis longtemps nous fatiguons le bon Dieu, qui, par sa grâce, nous presse de nous convertir, et nous demanderons pendant cette dizaine, à la Très Sainte Vierge, de nous obtenir une vraie conversion.

Cinquième Dizaine.

Nous la réciterons tout entière pour demander à la Sainte Vierge la conversion immédiate de tous ces pauvres aveugles, qui se figurent toujours qu'ils auront le temps de se confesser avant de mourir.

Enfin, dans les derniers entretiens de la journée, l'abbé de Préville ou bien sollicitait des résolutions tardives à se formuler ou bien donnait des conseils utiles, à la veille de se séparer de ses chers retraitants.

A dire vrai, le saint apôtre qu'était M. de Préville ne considérait pas son œuvre comme terminée à l'heure où ses jeunes gens, après une fervente communion de clôture, quittaient la solitude de la retraite. Il s'efforçait d'assurer les fruits de ces jours de grâce par deux moyens principaux. Tout d'abord, il suppliait les directeurs des divers patronages qui avaient pris part à la retraite de continuer auprès de leurs jeunes gens l'œuvre, capitale à ses yeux, de la « direction spirituelle ». L'habitude de la « direction » ayant été contractée pendant ces trois jours de recueillement, il est facile, disait-il, aux prêtres qui s'occupent de la jeunesse d'en continuer la pratique.

Puis, l'abbé de Préville restait en rapport avec ses retraitants. Il leur demandait de lui écrire pour le renseigner sur leurs progrès, sur le plus ou moins de fidélité aux résolutions prises durant la retraite; et ces jours passés en commun, dans une atmosphère de grâce divine, donnèrent souvent naissance à des correspondances religieuses qui assurèrent la persévérance d'un grand nombre de jeunes gens. « J'ai essayé du bracelet que vous m'avez donné, lui écrivait, quelques semaines après une retraite, un jeune homme de vingt ans. Je le mettrai de temps en temps quand j'irai sur les boulevards ou ailleurs. Ce n'est pas la souffrance continue, mais pour si peu qu'un passant vous cogne, vous êtes tout de même rappelé à la réalité; et c'est un bon résultat. »

Ainsi se préparaient, se déroulaient et s'achevaient les retraites organisées par l'expérience consommée de M. de Préville. Nous n'avons point hésité à en donner la physionomie aussi exacte que possible, malgré la longueur des détails dans lesquels il nous a fallu entrer, car il y a toujours grand profit à se mettre à l'école d'un tel Maître.

CHAPITRE XIII

*Les Œuvres de Rayonnement : Les Patronages, les Ecoles,
la Retraite du mois pour les Prêtres.*

Le dévouement que M. de Préville prodiguait à
la jeunesse boulonnaise ne tarda pas à provoquer
des imitateurs dans les membres du clergé paroissial de la ville et de la banlieue.

Plusieurs jeunes prêtres se mirent à l'école de
ce maître expérimenté, et bientôt, sous son inspiration et toujours avec son aide pécuniaire, largement dispensée pour l'achat des terrains et l'édification des locaux nécessaires, d'autres patronages
s'établirent près des églises de Boulogne. Il serait
assez difficile de relever la proportion dans laquelle
l'abbé de Préville secourut ces œuvres, filles de la
sienne, soit dans leur naissance, soit dans leur
développement. Il ne nous a laissé aucun rensei-
gnement positif à ce sujet, car selon le conseil de
l'Evangile, sa main gauche ignorait ce que faisait
sa main droite ; mais ce que nous pouvons avancer
avec assurance, le tenant des prêtres dévoués qui
ont, les premiers, dirigé ces œuvres, c'est que
plusieurs patronages de la ville n'existeraient pas

ou, du moins, n'auraient point leurs proportions actuelles, sans le secours puissant de M. de Préville.

Il fit plus. Comme l'œuvre de Notre-Dame des Apprentis était fréquentée par des enfants de la ville entière, il dirigea vers le patronage paroissial ceux qui n'habitaient pas le quartier de la Haute-Ville, en sorte que les différentes maisons ouvertes à la jeunesse des écoles, des ateliers et des bureaux, eurent, comme premier noyau, un essaim de patronnés du boulevard Eurvin.

L'œuvre de M. de Préville fut donc comme la maison-mère de ces œuvres diverses, qui vécurent du même esprit, en s'inspirant des traditions inaugurées par le pieux directeur. Les mêmes usages amènent les mêmes résultats : il sortit, et il sort encore aujourd'hui, de cette union, une force immense dont la jeunesse de Boulogne est la première à bénéficier.

En même temps, M. de Préville travaillait à répandre, dans le diocèse d'Arras, l'idée des patronages à la ville et à la campagne. Il serait difficile de compter les patronages qu'il a suscités par ses conseils et par ses générosités.

Quand on le demandait pour prêcher dans une œuvre de jeunesse, il s'empressait d'accepter. Ainsi s'affermissait le bien qu'il avait provoqué : car ses conversations étaient de véritables prédications et de saintes excitations à la conversion des pécheurs. Et lorsqu'il lui était impossible d'accepter l'invitation qui le demandait pour un patronage, il se faisait remplacer par quelqu'un de ses confrères, expérimenté dans ces sortes d'œuvres. Le bien se généralisait ainsi par l'action immédiate ou indirecte de M. de Préville (1).

Pour conserver et augmenter la bonne harmo-

(1) Quelle joie n'éprouva-t-il pas, lorsque, en 1883, il fut appelé à faire des conférences dans les grands séminaires sur son sujet favori. Les séminaristes d'Arras, de Dijon, de Lyon, du Puy, de Clermont, l'entendirent successivement. « Mon Dieu », disait M. de Préville, avant l'une de ces séances, « mon Dieu, que vos desseins sont merveilleux ! Pousser vos futurs prêtres au zèle et au salut des âmes ! et c'est moi que vous choisissez pour ce beau ministère ! Si du moins, j'étais saint ; quel bien je ferais, mais, mais, mais... Pardon, mon Dieu, de toutes mes infidélités : protégez-moi, inspirez-moi ce que je devrai dire, car a a a a, *nescio loqui !* » — Utilité des patronages, ressources nécessaires pour entreprendre ces Œuvres, objections principales faites contre les patronages, tel était le thème qu'il développait avec cette compétence que chacun lui reconnaissait, comme avec cette conviction qui n'était jamais absente de sa parole. « J'ai trouvé partout, dit-il, l'accueil le plus aimable, et ce sera insuffisance de notre part, si nous ne profitons pas de ces avantages pour répandre nos idées à travers la France. » C'est dans le même esprit qu'il favorisait la création des conférences d'œuvres dans les grands séminaires. Ces conférences, dont le personnel est exclusivement composé de séminaristes volontaires et dont les règlements peuvent varier dans les détails, tiennent séance une fois par semaine, soit dans une salle du séminaire, soit à la maison de campagne, les jours de promenade. Elles sont très utiles. Elles font connaître le mouvement des œuvres de jeunesse ; elles éveillent le zèle des futurs prêtres ; et beaucoup d'hommes apostoliques ont trouvé, dans ces modestes réunions, le secret de leur vocation.

nie qui régnait entre les différentes œuvres de la ville de Boulogne, harmonie nécessaire et qui décuple les énergies, l'abbé de Préville proposa à ses confrères des patronages une réunion qui se tiendrait deux fois chaque mois, au boulevard Eurvin, et dans laquelle, en s'entretenant des œuvres, on s'encouragerait mutuellement à l'apostolat de la jeunesse.

Le projet fut accepté et immédiatement réalisé. M. de Préville, par sa grande expérience et sa vive piété, devint l'âme de ces séances familières, sans empêcher pourtant l'initiative des confrères, qu'il travaillait, au contraire, à développer de toute manière.

Dès le début, il demanda la permission de fixer, pour la réunion prochaine, un petit ordre du jour, afin que chacun pût, à ses moments perdus ou durant son exercice des quinze jours, trouver des lumières pour aider ses confrères. Le jour venu, dans une discussion cordiale, on étudiait la question proposée, et l'on évitait ainsi les généralités inutiles. Beaucoup de difficultés peuvent se présenter dans la direction et le gouvernement d'une œuvre de jeunesse. Comment est-il préférable d'organiser les jeux ; quelle forme doit-on donner aux punitions ; quels sont les moyens à prendre pour main-

tenir l'ordre et l'intérêt dans les grandes promenades ; quelle attitude faut-il avoir devant les enfants coupables de désobéissance grave ou de mauvais esprit ; autant de problèmes délicats qu'une
sage expérience et des lumières réunies contribuent
puissamment à résoudre. Telles étaient, d'après les
procès-verbaux que nous analysons, les questions
proposées et étudiées dans la petite séance bi-
mensuelle dont nous parlons. Chacun apportait le
témoignage de ce qu'il faisait et de ce qu'il essayait
pour conserver ses enfants dans l'amour du patronage et, finalement, dans le bien. De vrais frères
se racontaient leurs joies et leurs peines, leurs espérances et leurs déceptions. M. de Préville aimait
beaucoup ces réunions intimes. Il y conviait volontiers ses amis de passage à Boulogne et les séminaristes en vacances, dans l'espoir de faire rayon-
ner au loin les idées qui lui étaient si chères. En
vérité, rien ne fut plus fécond pour les œuvres locales, comme d'ailleurs pour les autres œuvres
connues et soutenues par l'abbé de Préville, que
cet échange fraternel de vues et de pensées sur
la marche des patronages. Si l'on avait gardé la
forme précise des discussions ouvertes et conduites
dans ces réunions qui furent tenues, pendant de
longues années, à Notre-Dame des Apprentis, on

aurait assurément, à l'usage des œuvres de jeunesse, le manuel le plus complet qui puisse exister. Après avoir été interrompues pendant quelques années, ces réunions si utiles viennent d'être ressuscitées par le zèle d'un des plus fidèles disciples de l'abbé de Préville. A Lille, à Arras, et dans plusieurs villes de France, des réunions du même genre, copiées sur celles de Notre-Dame des Apprentis, produisent aujourd'hui les résultats les plus favorables à la cause et au mouvement des Patronages.

M. de Préville terminait à peine l'organisation de ces œuvres de patronage qu'une question de première importance vint solliciter son zèle et sa charité, à savoir celle des écoles religieuses.

C'était en 1881. Les écoles communales venaient d'être laïcisées. Le clergé des différentes paroisses, aidé de catholiques dévoués, se mit immédiatement en mesure de recueillir les pieux et zélés instituteurs, les Frères de la Doctrine chrétienne. Les quartiers les plus riches purent faire face à ces nécessités scolaires. Il en fut autrement pour les paroisses moins favorisées, notamment pour Saint-Vincent-de-Paul et Saint-François-de-Sales.

Emu de cette situation, l'abbé de Préville résolut de venir en aide à ces quartiers déshérités et d'y fonder des écoles avec ses seules ressources. Il trouva difficilement un local à Saint-François-de-Sales. Il dut le payer fort cher, y faire ensuite des travaux d'aménagement très coûteux. Mais il eut la main particulièrement heureuse dans la circonstance, car ce local, placé au centre de la paroisse, répondit admirablement à sa destination.

A Saint-Vincent-de-Paul, dans le quartier de Capécure, M. de Préville dut chercher longtemps avant de trouver un immeuble disponible et favorable à l'installation d'une école. Il finit par songer à une ancienne fabrique, qui n'avait plus d'usage industriel. Au moyen de divers arrangements, elle fut disposée pour une école, qui finit par être ouverte, après bien des difficultés de tout genre.

Ces acquisitions, avec les travaux qui y ont été effectués, ont coûté environ 150.000 fr. à l'abbé de Préville. Avant de mourir, il a voulu assurer l'avenir de ces fondations, en constituant une société civile dont la mission est de maintenir et de développer cette œuvre si importante, qui, malgré la difficulté des temps où nous vivons, a toujours prospéré. Ainsi continue-t-il à veiller sur ces chers enfants pour le salut desquels les plus lourds sacrifices ne lui coûtèrent jamais.

Cependant les différentes œuvres de jeunesse accentuaient toujours leur marche en avant. Le nombre des enfants qui les fréquentaient régulièrement était si considérable que M. de Préville se vit sur le point de ne pouvoir plus admettre à la retraite des jours gras les divers patronages de la ville, faute de place dans la chapelle. Cette réussite comblait de joie les directeurs qui en rendaient grâces à Dieu et qui en prirent occasion pour organiser les retraites de jeunes gens et d'hommes dans chaque paroisse de la ville.

Sans vouloir forcer les choses, nous pouvons affirmer que la réunion bi-mensuelle des prêtres des différentes œuvres servit puissamment à soutenir leur zèle et fut le ressort principal de la vitalité des patronages boulonnais.

En voyant ainsi ses confrères groupés autour de lui dans une commune pensée d'apostolat, M. de Préville conçut un projet, véritablement providentiel, que nous devons faire connaître à nos lecteurs. Il s'agit de « la retraite du mois » faite en commun par les membres du clergé paroissial. Partant de ce principe certain, que plus un prêtre est fervent, plus son ministère est fructueux, l'abbé de Préville proposa à ses fidèles confrères des œuvres ouvrières, de consacrer à la récollection mensuelle, connue dans le langage de la piété sous le nom de « retraite du mois », l'une des réunions tenues entre eux à Notre-Dame des Apprentis.

« Nous aimons encore, après quinze années, dit l'un des premiers retraitants, à nous rappeler cette parole par laquelle M. de Préville nous communiquait son dessein. « Nous nous occupons, disait-il, dans nos réunions périodiques d'œuvres, des intérêts des jeunes gens. Ne serait-il pas bon de consacrer une de ces réunions à l'œuvre de notre sanctification personnelle, par les exercices d'une retraite mensuelle (1) ? »

Car, ajoutait-il en une autre circonstance : « Si nos ouailles et nos enfants ne sont pas meilleurs, prenons-en à nous-mêmes. Si nous étions plus saints et plus zélés, nous ferions plus de bien autour de nous. »

La proposition fut acceptée et mise immédiatement à exécution. La première retraite du mois eut lieu le 21 juillet 1879. A cette date, M. de Préville écrivait dans son journal : « Essai d'une retraite du mois entre mes confrères et moi. » — Ils étaient au nombre de huit. — « Tous se retirent charmés et se proposent de recommencer. La pro-

---

(1) *Semaine religieuse* d'Arras, mai 1894.

chaine retraite est fixée au 18 août. *Laudetur Jesus Christus !* »

Voici le règlement tracé par M. de Préville et observé dès la première réunion.

11 heures, méditation. — 11 h. 3/4, examen particulier. — Midi, dîner, lecture et causerie pieuses. — 2 heures, chapelet, vêpres en commun. — 3 heures, conférence. — 3 h. 3/4, préparation à la mort, salut du Très Saint Sacrement.

C'est pour obtenir cette dernière faveur que M. de Préville écrivit à Mgr l'Evêque d'Arras, la lettre suivante, datée du 28 juillet 1879 :

« Monseigneur,

« Il est venu à quelques-uns de mes confrères, et à moi-même, la pensée de nous réunir à Notre-Dame des Apprentis pour une retraite du mois.

« Comme ces exercices se terminent généralement par une bénédiction du Très Saint Sacrement, je viens humblement demander à Votre Grandeur, l'autorisation de cette bénédiction. Pour mettre ma conscience tout à fait en repos, je dois dire à Votre Grandeur, que le mois dernier, j'ai supposé la permission. »

La pensée première de M. de Préville était que chacun de ces messieurs des œuvres donnerait, à tour de rôle, aux confrères réunis, quelque instruction simple et encourageante ; mais, réflexion faite, il trouva qu'il était mieux de confier cette charge délicate à un membre du clergé régulier. Le Révérend Père Baudot, religieux de la Compagnie de Jésus et directeur spirituel de M. de Préville, voulut bien accepter cette mission. Les prêtres nombreux qui, durant de longues années, depuis cette époque, ont vu à l'œuvre ce docte et saint religieux, et ont bénéficié des trésors de sa science et de ses vertus, doivent reconnaître combien le choix de M. de Préville avait été heureux. L'initiative prise par le saint prêtre du boulevard Eurvin ne tarda pas à être connue hors de Boulogne, pour être imitée et suivie.

Dans une retraite pastorale, l'Evêque diocésain entretint ses prêtres de cette pieuse résolution, les exhorta fortement à organiser entre eux des réunions semblables, et nomma le Révérend Père Baudot, directeur des retraites du mois pour le diocèse d'Arras. Ce fut un encouragement précieux dont les fruits se firent bientôt sentir. En peu de temps, trois nouveaux centres de retraite furent créés. Afin de développer ces premières semences, le zélé directeur des retraites adressa, à ses confrères dans le sacerdoce, un pressant appel que nous ne pouvons résister au désir de citer assez largement :

« *Sursum corda*.....

« Permettez-moi de vous faire part d'une bonne et pieuse pensée.

« L'accueil qui lui a été fait par un bon nombre de prêtres, et la facilité avec laquelle elle commence à se réaliser en plusieurs endroits m'engagent à vous la communiquer.

« En ces jours mauvais qui commencent, nous avons tous senti le besoin de nous renouveler ; une lutte s'ouvre où il nous faudra beaucoup de courage.

« Or, Messieurs, l'union fait la force, — surtout la force sacerdotale. — L'isolement peut être si funeste !

« Quelques-uns de vos pieux confrères, préoccupés de cet état de choses, ont pensé qu'en se réunissant une fois par mois, ils trouveraient dans les exercices communs d'une retraite de quelques heures, cette force renouvelée que Dieu nous demande et que les âmes attendent.

« Ils ne se sont point trompés.

« Le Père de Ravignan disait : Malgré les obstacles, les dégoûts, les impossibilités..... lorsque vous aurez fidèlement cherché, une fois par mois, quelques heures pour méditer, croyez que la lumière du Ciel et la grâce du Sauveur ne vous manqueront plus.

« Oui, Messieurs, dans un pays catholique comme le nôtre, lorsqu'il sera vrai que chaque mois, un grand nombre de prêtres s'unissent pour prier et se sanctifier ensemble, ce jour-là Dieu aura pitié des âmes qui nous sont confiées. Mais pourquoi ce moyen ne se généraliserait-il pas? Nous nous le sommes demandé, et c'est l'objet de cet appel.

« Le développement de cette Œuvre, entièrement laissé à votre libre initiative, ne demande que l'existence d'un certain nombre de groupes, ou centres de réunion, dont les rapports d'intimité personnelle ou de voisinage faciliteront toujours la première formation. Nul doute qu'une entente cordiale et toute spontanée ne soit possible.....

« Quant aux avantages de la Retraite mensuelle, il serait bien long de les énumérer, et je me garderai de le faire. Cependant, en me souvenant de cette force d'association qui est le besoin le plus pressant du clergé dispersé, en me rappelant les encouragements de chaque instruction, — cette occasion offerte à chacun de mettre ordre à sa conscience par une confession extraordinaire, — ce gage assuré de persévérance dans les résolutions de la Retraite annuelle, — cette union des âmes et des prières, — cet excellent exemple d'une réunion ecclésiastique dont le seul but est la piété, etc., etc., en me rappelant tous ces avantages, si je ne me permets pas d'y insister, du moins je ne puis m'empêcher de croire que cette pensée était déjà dans les vœux de beaucoup et qu'elle se réalisera largement pour notre sanctification à tous.

« Nous nous offrons bien volontiers à seconder de nos efforts, de nos renseignements et de toute notre bonne volonté, les projets qu'aurait pu vous inspirer le présent appel. Nous serions particulièrement heureux d'apprendre et d'enregistrer chaque formation d'un nouveau centre de Retraite. Puisque c'est une œuvre d'union sacerdotale, n'isolons pas nos efforts ; concentrons-les vaillamment ; qu'ils nous soient connus les uns des autres ; plus nous nous saurons nombreux, plus nous nous sentirons forts !

« P. BAUDOT, S. J. »

Depuis ce temps, Dieu a si sensiblement béni cette œuvre des Retraites mensuelles que le seul diocèse où elle a pris naissance compte plus de quarante centres de réunion. Elle s'y développe tous les jours encore pour le plus grand bien du clergé et pour la plus grande édification des fidèles, sous les paternels auspices de Monseigneur l'Evêque. Nous pouvons même assurer, — et c'est l'opinion des Pères Jésuites qui sont les prédicateurs ordinaires de ces recollections — que cette œuvre a conservé, dans son diocèse d'origine, une vitalité qu'elle ne connaît pas ailleurs.

Mais ce qu'il importe de faire ressortir ici, c'est que cette œuvre des Retraites du mois doit son origine à M. l'abbé de Préville. « Le diocèse d'Arras disait, à la veille de sa mort, la Semaine Religieuse, déjà citée, lui doit l'institution des Retraites du mois pour les ecclésiastiques. C'est dans cette pieuse maison de Notre-Dame des Apprentis qu'a eu lieu la première de ces réunions, à la demande de M. de Préville, et avec le concours du R. P. Baudot, de la Compagnie de Jésus.....

« Nous ne savons ce que le Maître de la vie et de la mort a décidé par rapport à son vaillant apôtre. Les desseins de Dieu sont impénétrables. Nous aimons à espérer que les prières de tant d'amis et de toute une congrégation religieuse obtiendront une guérison qui paraît si nécessaire à la cause du bien. Toutefois, nous pourrons dire que, s'il plaît à Dieu de couronner avant le temps son zélé serviteur, parmi tant de bonnes œuvres qui accompagneront M. l'abbé de Préville au tribunal suprême, la fondation des retraites mensuelles ecclésiastiques pour notre diocèse sera une des plus méritoires devant le Souverain Juge. »

Nous retrouvons la même assertion sous la plume compétente du R. P. Baudot, dans une lettre écrite, le 15 février 1895, à l'un des successeurs de M. de Préville :

« C'est bien chez vous que l'Œuvre de la Retraite mensuelle a pris naisance. Elle est née de la conférence que M. de Préville avait établie chez lui pour traiter les questions des patronages ouvriers, et à laquelle prenaient part cinq ou six vicaires de Boulogne.

« C'était en 1879. Ces messieurs étaient de ceux qui comprennent que le zèle prend sa source dans la ferveur. Afin d'être plus zélés, ils voulurent être plus fervents. Ils me consultèrent, et après avoir bien réfléchi, bien prié tous ensemble, je leur conseillai de consacrer chaque mois une de leurs conférences à une réunion de retraite mensuelle, que nous passerions ensemble et dont nous tracerions ensemble le règlement.

« Ce qui fut dit fut fait. Et je ne puis vous dire combien nos premières réunions furent délicieuses d'intimité. Je ne soupçonnais pas qu'il y avait là un grain de sénevé qui pourrait se développer.

M. de Préville invita successivement deux de ses anciens condisciples de Saint-Sulpice, l'un directeur d'orphelinat, et l'autre curé, tous deux du diocèse d'Arras. Et c'est dans des échanges de vues avec ces deux messieurs que l'idée me vint qu'on pourrait porter la retraite dans les paroisses et presbytères. Nous eûmes grande joie, M. de Préville et moi, de cette révélation.

« Je me mis aussitôt en rapport avec Mgr Lequette, et la propagande se fit sous son haut patronage.

« Avec la bénédiction du Cardinal Régnier et de Mgr Duquesnay, je fis aussi beaucoup de propagande, dans le diocèse de Cambrai, par lettres et par démarches, soit auprès des membres du clergé, soit auprès de nos Pères.

« Cette première initiative a amplement réussi, et ce fut ce qui m'encouragea à une nouvelle propagande en beaucoup d'autres diocèses, au moins auprès de Nos Seigneurs les Evêques. Beaucoup d'essais ont été tentés et se soutiennent... Mais quoi que ce soit qu'il arrive, et quelque bien que fasse cette bonne œuvre des Retraites mensuelles sacerdotales en commun, si l'on veut remonter à la source, au berceau, c'est à Notre-Dame des Apprentis de Boulogne qu'il faudra revenir.

« Entre tous les mérites acquis devant Dieu par votre cher Père de Préville, entre toutes ses bonnes œuvres, celle-ci ne sera pas la moindre. Je le bénis pour le bien qu'il m'a donné de faire à quelques-uns de mes frères dans le sacerdoce. »

Par une adorable attention de la Providence, M. de Préville recevra les derniers sacrements en un jour de retraite sacerdotale mensuelle, dans cette même maison de Notre-Dame des Apprentis où, quinze ans auparavant, il avait jeté les bases de cette œuvre éminemment féconde, qui est une de ses plus belles gloires, entouré des prêtres de Boulogne et des paroisses environnantes, et dont quelques-uns avaient été ses compagnons de la première heure.

Le R. P. Leclerc, Supérieur général des Frères de Saint-Vincent-de-Paul, qui donna les derniers secours religieux au vénéré malade, fit ressortir avec émotion cette remarquable coïncidence, et M. de Préville lui-même retrouva assez d'énergie pour prêcher encore en faveur de son œuvre favorite, exprimant le vœu que les prêtres des différents centres de retraite mensuelle formassent entre eux une association de prières pour se soutenir dans les combats du saint ministère et à l'heure de la suprême séparation.

CHAPITRE XIV

L'Œuvre de Notre-Dame des Apprentis, on vient de le voir, n'était donc pas seulement un lieu de préservation et de sanctification pour l'enfance et la jeunesse ouvrière, mais un ardent foyer d'où sortait je ne sais quelle atmosphère de zèle qui poussait les âmes sacerdotales aux généreux sacrifices.

Chose singulière au premier regard, mais bien explicable en réalité, M. de Préville fut effrayé par la prospérité même de ses entreprises. Car n'est-ce point le danger des œuvres les plus florissantes d'être subordonnées à la santé et à l'existence de leur fondateur? Or, ce vrai prêtre n'ayant jamais travaillé pour lui-même, mais uniquement pour la gloire de Dieu et l'avantage des âmes, était vivement préoccupé de continuer, après sa mort, son apostolat auprès des classes populaires. C'est à partir de l'année 1878 que nous constatons dans sa correspondance une préoccupation de ce genre.

En 1875, un rhumatisme articulaire qui se porta au cœur avait mis sa vie en danger. M. de Préville avait été de longs mois à se rétablir, quoique entouré des soins maternels les plus délicats. C'était une réponse de mort qui le rendait inquiet pour l'avenir de son œuvre tant aimée.

Seule, une communauté religieuse pouvait recueillir et assurer pareille succession. Mais une question se posait : l'abbé de Préville avait-il la vocation religieuse? « Je comprends, lui écrivait un de ses amis, que vous soyez attiré vers l'état religieux dans l'intérêt de votre œuvre, mais je ne sais si vous avez une aptitude à cet état. Le désir de conserver la prospérité d'une œuvre n'est pas une marque suffisante de vocation. Cette prospérité peut être assurée, en effet, par la cession de l'œuvre à un corps religieux. Et c'est ce qu'ont fait plusieurs directeurs d'œuvres de jeunesse. L'aptitude suppose autre chose. C'est un goût particulier pour la vie de règle et un besoin de direction incessant qui ne peut être satisfait que dans une communauté. Avez-vous cette aptitude? Pouvez-vous découvrir dans votre vie des indices certains de ce goût et de ce besoin? Si vous les découvrez, vous serez en possession de ces faits concrets qui détermineront votre choix. » Ce fut dans la prière que l'abbé de Préville chercha la solution de ce problème. La réponse de Dieu fut affirmative.

Quand M. de Préville s'ouvrit à sa famille du projet qu'il formait d'entrer en religion, il rencontra bien quelque résistance, comme il s'y attendait, mais il parla avec tant de force en faveur de la survivance de ses œuvres qu'il fallut bien se ranger à son avis. Et pour mettre sa vénérable mère en rapport avec la Congrégation des Frères de Saint-Vincent-de-Paul, sur laquelle il avait jeté les yeux, M. de Préville pria le R. P. Lantiez, Supérieur général, de venir prêcher à l'église du Mont-Lambert, située près du château familial, les exercices du Jubilé, en 1878.

La mission fut bénie de Dieu. Pendant les huit jours qu'elle se prolongea, le directeur de Notre-Dame des Apprentis vint plusieurs fois dans sa famille, se plaisant à faire connaître à Mme de Préville son futur supérieur et le Père de la communauté religieuse qu'il avait choisie.

Cependant trois ans s'écoulèrent encore, durant lesquels l'abbé de Préville mûrit son projet sous le regard de Notre-Seigneur ; puis, quittant tout en ce monde, son beau patronage, ses œuvres, sa mère, sa famille, sa fortune, il s'en alla s'enfermer dans une cellule de novice, désireux seulement d'être le dernier des Frères de Saint-Vincent-de-Paul. C'était au mois de septembre 1881.

Aucune congrégation religieuse ne lui paraissait plus capable de continuer ses œuvres que cette nouvelle famille à laquelle il se consacrait. Fondée vers le milieu du XIXe siècle par M. Le Prévost, la Congrégation des Frères de Saint-Vincent-de-Paul a, en effet, pour but de travailler, selon l'esprit de l'Evangile, à l'amélioration et au salut des pauvres et des ouvriers. Elle s'occupe d'orphelinats qui arrachent aux misères du corps et du cœur les enfants délaissés ; de patronages qui donnent les idées surnaturelles aux fils du peuple, en même temps qu'ils surveillent leur éducation professionnelle. Par la visite des pauvres, elle va soulager à domicile la maladie et, souvent, dissiper le désespoir. Elle ouvre des abris aux jeunes soldats qui veulent rester chrétiens, au milieu des dangers multiples de la caserne ; enfin, par ses Œuvres de la Sainte-Famille, elle atteint les parents et les patrons, après avoir gagné les enfants et les apprentis.

Le caractère original de cette congrégation est

d'avoir à la fois des membres ecclésiastiques et des laïques. « Les sociétés purement et uniquement ecclésiastiques, écrivait M. Le Prévost, sont nombreuses et florissantes ; une de plus, venant après les autres, n'apporterait guère d'aide nouvelle dans le monde charitable. Mais une communauté mixte, dont les membres laïques assistent le ministère sacerdotal, et peuvent, sous l'habit séculier, se porter partout à la recherche des âmes pour les protéger, instruire et consoler la classe ouvrière, une telle communauté, disons-nous, a une véritable opportunité et peut rendre de grands services à l'Eglise. Tel a été l'avis unanime de Nos Seigneurs les Archevêques et Evêques qui ont daigné jusqu'ici nous accorder leur appui.

« En attribuant aux prêtres le rang de Pères spirituels, en leur réservant l'enseignement de la doctrine, la conduite spirituelle des œuvres, et, en définitive, celle de toute la congrégation, puisqu'ils en sont les confesseurs ordinaires, on a donné une place suffisante à leur zèle, comme une garantie due à leur caractère et à leurs fonctions saintes. Les Frères laïques, de leur côté, ont assez d'initiative et de libre action, soit dans les œuvres, soit dans le sein même de la communauté, pour que des sujets valables et bien inspirés y trouvent

une voie ouverte pour leurs facultés et leur dévouement (1). »

La Congrégation des Frères de Saint-Vincent-de-
Paul s'était développée lentement, comme toutes
les œuvres de Dieu. Pendant plus de trente ans,
elle avait vécu dans la plus grande humilité et dans
une extrême pauvreté. Mais les bénédictions du
Seigneur étaient sur elle. La « petite communauté »
de M. Le Prévost n'avait pas tardé à devenir une
grande famille dont les enfants exerçaient leur
zèle dans la France entière et jusqu'en Amérique.
Le 5 mai 1893, Léon XIII, le Pape des ouvriers,
la bénissait dans la personne de son Supérieur Général en lui disant : « Mais votre Institut est providentiel. Vous faites ce que je demande : je répète le mot : c'est providentiel. Vous accomplissez
ce que je demande dans mes Encycliques. C'est
ce que je veux ; je suis heureux : votre Institut
répond à mes désirs. »

Les Frères de Saint-Vincent-de-Paul étaient ré-
clamés de tous les côtés où l'industrie moderne
groupe les classes populaires. Hélas ! le vent de la

(1) Voir la belle *Vie de M. le Prévost* écrite par un Frère
de Saint-Vincent-de-Paul, librairie Poussielgue, 15, rue Cas-
sette, 1890 — et aussi l'intéressant volume intitulé : *M. Le
Prévost et les Frères de Saint-Vincent-de-Paul*, par le comte
Edouard le Camus, Société de Saint-Augustin, 1895.

persécution qui souffle sur la France a chassé loin de notre pays ces bons ouvriers qui sont allés, jusqu'à ce que reviennent des jours meilleurs, chercher, en Belgique et au Canada, la liberté qu'ils ne trouvent plus chez nous.

En entrant dans cette Congrégation, M. de Préville ne se contenta pas de voir en elle une continuatrice de ses œuvres. Il s'appliqua, avec sa virile énergie et sa profonde piété, à en prendre le véritable esprit. Son noviciat dura seulement six mois, au bout desquels, il vint retrouver, à Boulogne, son patronage et ses œuvres (mars 1882).

Ce fut à son retour que M. de Préville travailla à organiser, dans sa maison, l'adoration nocturne, pour laquelle on avait déjà réclamé son concours avant son entrée dans la Congrégation des Frères de Saint-Vincent-de-Paul. Lui-même désirait vivement l'établissement de cette œuvre réparatrice. Tout ce qu'il avait vu et lu, relativement à la bienfaisante action du « saint homme de Tours », M. Dupont, dont il avait étudié de près la vie, l'avait fortement impressionné et lui inspirait la pensée de suivre son exemple. M. de Préville fut aidé dans la réalisation de ce projet par plusieurs bons catholiques de la ville, qui se mirent en quête de matelas et de couvertures, et qui constituèrent la première Garde d'honneur.

La première adoration eut lieu le 10 mars 1883. A la fin de cette sainte nuit de prières et de réparation, il fut décidé qu'on se réunirait chaque mois à Notre-Dame des Apprentis et que les adorations seraient prises à tour de rôle par les Messieurs de la ville et par les jeunes gens des patronages. Une allocution de M. de Préville ouvrait les exercices et la sainte communion les terminait.

Les enfants de Notre-Dame des Apprentis ne conservèrent point de longues années leur Père bien-aimé. M. de Préville avait à peine repris ses habitudes de Boulogne, qu'il fut appelé, en septembre 1884, par la confiance de son Supérieur Général, à la charge délicate de maître des novices.

Dès lors, M. de Préville n'a plus qu'un désir : être saint pour sanctifier ses frères. Durant sa retraite de trente jours, il écrivait ces mots : « O admirable Providence de Dieu ! ne permettez pas que dans cette retraite voulue et préparée par vous de si longtemps, quelque chose manque par ma faute... Donnez-moi, ô Sauveur Jésus, donnez-moi de devenir un saint, et un saint maître des novices. Il faut que j'arrache cette grâce à votre cœur tout miséricordieux et tout désireux du salut des ouvriers ! »

Un autre jour, M. de Préville disait encore : « Je demande à Notre-Seigneur de faire de moi un saint et un vrai maître des novices, selon son cœur. S'il veut me confier la direction de la retraite de V..., il faut bien qu'il me sanctifie d'ici-là, afin que je ne sois pas, pour mes frères, une cause d'éloignement de son saint amour. »

« Pourquoi, dit-il encore sous l'inspiration de la même humilité, pourquoi pendant ces deux années, le noviciat ne donne-t-il pas plus de fruits, sinon parce que je ne suis pas docile à me sanctifier comme le voudrait Notre-Seigneur (1). »

L'un des premiers novices de M. de Préville parle ainsi de ce saint maître :

« Pendant mon noviciat, je fus frappé de sa mortification extraordinaire. La vie si austère des novices était la sienne. Au dortoir, il avait le même lit, le même pauvre mobilier que nous. Notre règle était sa règle. Comme nous, chaque matin, il faisait son lit, cirait ses chaussures, balayait sa cellule, et, aux jours fixés, se donnait la discipline.

« Quelquefois, quand il était appelé inopinément,

____

(1) Retraite de 3o jours.

un novice voulait lui rendre ces petits services, il le défendait. Nulle cellule n'était mieux tenue que la sienne. Plus d'une fois, je le vis se joindre à nous pour laver la vaisselle ou remplir ces offices mortifiants qui sont l'épreuve des novices.

« Et il faisait tout, avec une telle simplicité, avec une telle aisance, qu'on l'eût pris pour le dernier des novices et qu'on eût pu penser qu'il avait été préparé d'enfance à ces humbles fonctions. »

Cependant, si M. de Préville s'appuyait sur Dieu, qui est vraiment le premier maître des âmes apostoliques, il n'en mettait pas moins, au service de ses novices, ses grandes ressources d'esprit et de cœur. Tout entier à sa charge, « il était toujours prêt à recevoir chacun, à l'écouter, autant qu'il le voulait. On usait et on abusait de lui ; sa patience était parfaite. »

Ce que voulait M. de Préville, c'était connaître à fond ceux dont il avait la charge. Aussi leur donnait-il toutes les facilités de se montrer tels qu'ils étaient.

« J'ai remarqué chez M. de Préville, dit encore l'éminent religieux, cité plus haut, un esprit très large dans la formation qu'il donnait aux novices. Il ne cherchait pas à faire passer tous les caractères par le même moule. Il étudiait les dons naturels et surnaturels de chacun, les adaptait aux Constitutions et à l'esprit particulier de notre famille religieuse, sans étouffer l'initiative et les dispositions personnelles.

« Un novice avait-il été à même de voir et d'étudier une œuvre quelconque, M. de Préville lui demandait d'écrire ses réflexions, de les lire, de les développer, devant tous les autres novices ; c'est alors que lui-même intervenait pour rectifier, s'il en était besoin. »

Seulement, ce n'était pas dans ses propres lumières que M. de Préville cherchait ces solutions, mais dans le livre divin. On peut dire que l'Evangile était son premier moyen de formation. Ce que Notre-Seigneur a fait vis-à-vis de ses apôtres, dans les différentes circonstances de sa vie publique, notre saint maître des novices le méditait longuement, s'en inspirait dans sa direction, et en tirait les leçons les plus utiles pour les futurs apôtres dont il était lui-même chargé. Il était impossible de vivre quelque temps avec M. de Préville, sans voir clairement qu'il abritait toute sa méthode derrière les enseignements du divin Maître. Et comme Lui, il gagnait les âmes sans les briser, mais il les gagnait au point qu'elles ne pouvaient plus résister à son action et qu'elles s'ouvraient à lui, dans ce qu'elles avaient de plus secret.

En 1889, M. de Préville fut nommé premier Assistant du Supérieur général et Visiteur des différentes maisons de la Congrégation. Il apporta dans cette charge délicate et importante la même activité que dans la direction du noviciat. « Qu'il se soit épuisé par un travail excessif, nous écrit son successeur, c'est ma pensée. Ses visites canoniques étaient autant de coups de feu. Etude complète des œuvres visitées, étude approfondie de chaque membre de la communauté, recherche acharnée des améliorations à apporter, tout cela prenait ses jours et presque ses nuits. Et pour assurer ensuite le fruit de son passage, rien ne lui coûtait, ni les démarches, ni les correspondances, ni les directions longues et détaillées. »

Mais cette activité, avec quelle sagesse, avec quel tact, elle se dépensait ! M. de Préville savait relever les courages défaillants, régler les élans du zèle apostolique, faire respecter l'autorité dont il était le représentant, maintenir l'esprit de la congrégation. Partout, l'on désirait sa visite qui était toujours bienfaisante. Si, parfois, les solutions qu'il donnait n'apportaient pas un vrai remède, il savait si bien prêcher la patience et la confiance en

Dieu ; il recommandait si fortement la prière, que les œuvres les plus éprouvées acceptaient leurs tribulations avec un vif esprit de foi et une sainte générosité.

Ainsi, l'influence de M. de Préville, autrefois restreinte dans les limites du noviciat, s'étendait à toutes les maisons de l'Institut. Aujourd'hui encore, grâce aux notes innombrables qu'il a laissées sur tous les détails de sa charge, ce bien se continue pour le plus grand avantage de cette congrégation à laquelle il s'était donné tout entier.

Mais, comme dans l'intérieur du noviciat, M. de Préville sut éviter l'écueil auquel ne prennent pas toujours garde les fondateurs d'œuvres : c'est celui de croire que leur système est, d'une façon absolue, le meilleur de tous les systèmes. Ils ne tiennent parfois compte que des résultats qu'ils ont obtenus, sans remarquer que d'autres hommes ont obtenu, eux aussi, d'excellents résultats, par des moyens différents.

M. de Préville savait bien que, suivant les localités, il faut tenir compte des mœurs, des usages, des tempéraments. Aussi agissait-il plus par voie de persuasion que par voie d'autorité. Les cœurs étaient vite gagnés par cette suave manière de procéder.

Ce fut, nous le verrons bientôt, dans l'exercice même de ses fonctions d'assistant, que le mal auquel M. de Préville devait succomber prit un caractère particulièrement alarmant. Mais avant de raconter les derniers jours de cet homme de Dieu revenons, pour un instant, à son œuvre préférée, c'est-à-dire au patronage de Notre-Dame des Apprentis.

CHAPITRE XV

En quittant, par obéissance, son œuvre de prédilection, M. de Préville put du moins emporter l'assurance qu'elle continuerait à prospérer et à faire du bien. C'était l'un des buts qu'il avait poursuivis en entrant dans une congrégation religieuse. Ses successeurs se firent en effet un devoir de conserver avec un soin jaloux les traditions du saint fondateur.

A partir du jour où M. de Préville appartint à la famille de M. Le Prévost, les supérieurs de l'Institut firent de la maison du boulevard Eurvin une sorte de petit noviciat où ils envoyaient plusieurs jeunes gens se former à l'esprit de la Congrégation et à la pratique des œuvres ouvrières.

En même temps qu'ils poursuivaient leurs études à l'Ecole Notre-Dame dirigée par les Pères Jésuites, ces futurs Frères de Saint-Vincent-de-

Paul passaient leurs jours de congé dans les différents patronages de Boulogne. Ils étaient six ou sept, et avaient, chacun, leur œuvre particulière. Leur concours était des plus précieux pour les prêtres des paroisses ; car ceux qui sont du métier savent combien il est pénible, à certaines heures, d'unir le ministère ordinaire à la charge d'une œuvre de jeunesse. Les petits novices recevaient donc le meilleur accueil dans les patronages. Les enfants eux-mêmes s'attachaient à eux, et plus d'un se maintint dans la vertu par suite de leur heureuse influence.

Est-il besoin de faire remarquer qu'en devenant maître des novices ou bien Assistant de la Congrégation, M. de Préville avait laissé une partie de son cœur à Notre-Dame des Apprentis? Pour quiconque voudrait en douter, il nous suffira d'ouvrir sa volumineuse correspondance et d'en détacher quelques extraits au hasard. Voici une lettre écrite en réponse à des souhaits de fête pour la Saint-Raoul :

« Mes chers enfants, ne voyant pas venir ma réponse, quelques mauvaises langues ont peut-être déjà dit : « Tu vois bien, il ne pense plus à nous ; il nous a déjà oubliés. » Heureusement j'entends le plus grand nombre protester de la fidélité de mes sentiments et de mon affection profonde pour chacun de vous. J'ai eu bien de la joie à lire tous vos noms les uns après les autres. Je les ai fait lire à M. T... (1) qui s'est réjoui avec moi de vous savoir si fidèles. Merci donc, mes chers enfants, de vos bons et aimables souhaits.

« Vous savez que, de mon côté, je prie bien pour votre persévérance. Votre exemple a produit, à Boulogne, les plus merveilleux résultats. Il a fait créer quatre ou cinq patronages qui marchent sur vos traces, qui seront fervents et édifiants, tant que vous le serez vous-mêmes, qui seraient tièdes et sans vigueur, si vous abandonniez les bonnes traditions de Notre-Dame des Apprentis.

« Parmi ces traditions, vous le savez, il en est une qui m'est particulièrement chère, parce qu'elle se rattache au premier acte de courage public que vos aînés ont fait devant toute la ville ; je veux parler de la procession. C'est là que vous êtes vraiment les amis du bon Dieu, quand devant une foule de jeunes gens impies et libertins, vous vous affichez comme de dévots et de vrais enfants de Marie, chantant et récitant le chapelet. J'étais fier d'être derrière vous !

(1) Un ancien novice qui a exercé au patronage des apprentis, et où il a laissé le meilleur souvenir.

« Quelque chose me consolera de mon départ, ce sera de penser que cette habitude, comme toutes les autres, vous l'avez gardée. Courage, je compte sur vous. Comme un colonel à la tête d'un régiment connu et aimé, j'étais certain de la victoire, et je suis convaincu que déjà mon successeur se réjouit à la pensée de vous conduire ainsi à la bataille. N'oublions pas que ce fut la raison d'être de notre bannière : ce ne sera pas aujourd'hui que cette bonne habitude cessera. J'attends le bulletin de victoire contre le respect humain, le soir même de la procession.

« Je vous bénis, vous remercie de nouveau et vous embrasse comme je vous aime.

« Votre dévoué Père,

« R. de PRÉVILLE, prêtre. »

5 Mai 1885.

Mais si la bonne marche de son œuvre et les nouvelles qu'on lui en donne le réjouissent, M. de Préville n'entend pas qu'on fasse rejaillir sur sa personne les succès du patronage. « Merci, mon cher Frère (c'est à son successeur qu'il écrit), de l'aimable petit mot que vous m'avez de suite envoyé, pour me donner des nouvelles de la retraite des jours gras. Je bénis avec vous Notre-Seigneur de ce nouveau succès qui confirme tous les autres et qui prouve bien que, dans tout cela, rien n'était personnel, mais seulement le couronnement d'une méthode en tout conforme à l'esprit de l'Evangile... »

A l'époque même où M. de Préville écrivait ces mots, sa pensée se reportait sur les anciens du patronage et méditait le projet de leur faire donner une retraite pour la fête de Pâques. « Je suis convaincu, disait-il, toujours à son dévoué continuateur, que vous allez prendre goût à tout ce mouvement et que vous mettrez en train ma retraite d'anciens pour la semaine qui suivra le temps pascal, afin de réparer, autant que possible, l'omission du devoir de la communion annuelle. Inquiétez-vous auprès de vos fidèles de ceux que l'on pourrait utilement inviter. Seulement soyez plus confiant qu'eux-mêmes : ils ne vous donneront guère d'espoir et moi j'en ai beaucoup.

« Je crois qu'il faudra multiplier les invitations : peu importe qu'il y en ait quelques-unes d'inutiles ; l'essentiel est que nous ramenions quelque égaré. Si je pouvais, j'irais bien volontiers prêcher ces vieux enfants de ma tendresse. Prions et Notre-Seigneur bénira nos efforts... »

Avec quelle fidélité et quelle joie « ces vieux enfants de sa tendresse » répondirent à l'appel de

M. de Préville ! Quelques-uns même revinrent de très loin, comme le prodigue, se jeter sur le cœur d'un père, heureux de leur rendre la robe de leur première innocence et l'anneau d'une amitié que rien n'avait pu briser.

L'abbé de Préville n'éprouva pas une moins agréable émotion lorsqu'il eut connaissance de l'œuvre des pauvres que son successeur organisa, en 1886, à Notre-Dame des Apprentis. Disons, en effet, pour ceux qui pourraient l'ignorer, que depuis cette époque, un grand nombre de pauvres, venant de tous les coins de Boulogne, se réunissent au patronage du boulevard Eurvin, deux fois par semaine ; le vendredi, c'est le jour des femmes ; le dimanche est réservé aux hommes. On distribue aux uns et aux autres une large aumône, qu'on ne donne pas sans l'accompagner d'une aumône spirituelle. L'œuvre fonctionne de la manière suivante : le vendredi, à l'heure convenue, les femmes sont groupées dans la chapelle. On ouvre la séance par une prière faite à haute voix et par quelques couplets d'un cantique populaire, puis le supérieur de la maison adresse à son auditoire une petite instruction familière qui est écoutée avec avidité. La portion de pain est donnée à l'issue de cet exercice.

Pour les hommes, l'organisation est meilleure encore. On les réunit dans la matinée du dimanche, vers dix heures, après la messe de l'œuvre ; pendant le Saint Sacrifice qui est célébré pour eux, on leur adresse quelques mots d'édification et l'on récite avec eux le chapelet entremêlé de cantiques. C'est un spectacle touchant ; ensuite les pauvres s'en vont avec leur beau morceau de pain blanc.

A l'époque des Pâques, une retraite préparatoire à la communion leur est prêchée. Pendant les trois jours de retraite, au morceau de pain réglementaire, on ajoute une bonne soupe, épaisse et chaude, qui est quelquefois servie par l'élite des jeunes gens de la ville. La communion générale termine ces jours de bénédiction. Il n'est pas rare de voir une centaine de ces braves gens s'asseoir à la Table sainte et puiser au Tabernacle la force dans l'épreuve avec la résignation dans le besoin. Ecoutons M. de Préville, remercier Dieu d'avoir choisi sa maison et sa congrégation pour un tel ministère : il écrit à son successeur :

« Mon bien cher Frère, il me semble que cette affluence de pauvres ne peut que vous flatter. C'est ce qui va vous poser, dans Boulogne, comme un vrai fils de saint Vincent de Paul. Mais, de grâce, gardez-vous bien de les renvoyer sans leur donner quelque chose ; rappelez-vous la parole de Notre-Seigneur : *Misereor super turbam*..... le Père supérieur, à qui j'ai lu votre lettre, dit que vous devez vous estimer bien heureux d'avoir cette belle part du troupeau à évangéliser. »

La retraite des pauvres, surtout, le comblait de joie.

« Merci, mon cher Frère, de tous les détails pleins d'intérêt que vous nous adressez sur votre retraite des pauvres et sur les résultats si consolants que vous obtenez.

« Comme ces retraites font aimer les pauvres ! On ne les connaît pas ces pauvres gens, ils sont au moins aussi aimables que nous. Je comprends maintenant l'enthousiasme de saint Vincent de Paul pour les missions des pauvres. En réalité, elles ne sont pas difficiles, mais on les craint, comme on craint d'entreprendre tout ce qui doit produire un bien sérieux. La raison en est facile à comprendre ; le démon a intérêt à nous éloigner de ces entreprises qui peuvent lui arracher des âmes, et il nous en exagère les difficultés et les complications. Mais, grâce à Dieu, dans notre congrégation, l'expérience est faite maintenant, et ces œuvres demeurent le patrimoine d'un institut consacré au service des pauvres.

« Le bon Père Myonnet voyait dans ce ministère quelque chose de provideniel, il en augurait un grand bien et croyait y entrevoir un instrument de régénération sociale. Il me semble que vous y avez bien heureusement mêlé le dévouement de vos jeunes confrères. Comme vous le dites, je suis, moi aussi, convaincu que ce petit effort va être pour eux la source d'un grand bien.

« Continuons à aimer et à soigner ces pauvres abandonnés, afin de mériter d'être soignés et aidés par le bon Maître, quand nous en aurons besoin nous-mêmes. Le Père Supérieur est très heureux de tout ce bien qui se fait aux pauvres : il y voit le gage de la bénédiction du bon Dieu sur nous, sur la congrégation, sur l'avenir... »

A l'heure qu'il est, ces admirables dévouements envers les pauvres provoquent des imitateurs sur les différents points de notre pays. Qui d'entre les catholiques n'a suivi ce magnifique mouvement de charité dont la Basilique du vœu national est le théâtre, depuis un certain nombre d'années?

M. de Préville entrevoyait, à la suite de ce ministère auprès des pauvres, de nombreuses bénédictions pour la famille religieuse à laquelle il apparte-nait ; il est bien permis de concevoir les mêmes espérances pour la France entière, en face des mer veilles charitables qui se réalisent au cœur de notre Patrie.

En tout cas, il n'est pas téméraire de penser que cet amour effectif des pauvres fut pour l'œuvre de M. de Préville, la raison d'une protection spéciale de la part de Dieu.

Pour en donner la preuve, peut-être sera-t-il bon de montrer en quelques pages les principaux résultats extérieurs du patronage de Notre-Dame des Apprentis ; nous disons « extérieurs », car il y en a d'autres qui sont connus de Dieu seul, fruits de conversion, fruits de préservation, fruits de sanctification ; ces choses-là restent le secret de l'éternité.

L'un des résultats de l'œuvre créée par l'abbé de Préville fut l'éclosion de nombreuses vocations ecclésiastiques ou religieuses. Voyait-il dans un enfant des dispositions pour le sacerdoce ou la vie régulière, le saint directeur de Notre-Dame des Apprentis se faisait un bonheur et un devoir de l'entourer de soins, de le porter à une piété plus grande, afin de seconder les desseins que Dieu avait sur cette âme privilégiée. Puis, comme nous l'avons déjà dit, M. de Préville se faisait professeur de langue latine, malgré la multiplicité de ses travaux. Parfois même, il conduisait ses élèves jusqu'aux classes les plus avancées ; c'était surtout lorsqu'il se trouvait en présence de jeunes gens dont il avait tardivement remarqué la vocation et qui étaient trop âgés pour suivre l'ordre régulier des cours ; mais, enfants ou jeunes hommes, M. l'abbé de Préville avait presque toujours des élèves qu'il destinait à l'état ecclésiastique, et qu'il plaçait lui-même au séminaire. A l'heure actuelle, il se survit dans dix ou douze prêtres du seul diocèse d'Arras, qui honorent leur bienfaiteur par les services qu'ils rendent à la cause du Seigneur dans le ministère des paroisses et des collèges. D'autres enfants du patronage sont religieux de la Compagnie de Jésus ou Frères de Saint-Vincent-de-Paul. Après Dieu, c'est à M. de Préville qu'ils doivent la grâce de leur vocation.

Du reste l'abbé de Préville portait aux séminaires un intérêt de premier ordre. Lui a-t-on jamais inutilement tendu la main en leur faveur? Nous savons pertinemment le contraire. Au surplus, après avoir largement payé de sa fortune, il payait aussi de sa personne. Chaque année le Supérieur de l'ancien Petit Séminaire de Boulogne demandait à M de Préville de venir confesser à l'occasion de la retraite de rentrée. Il acceptait avec bonheur, tandis qu'il refusa toujours de prendre d'autres confessions pour lesquelles on le réclama plus d'une fois. Il s'agissait d'âmes de jeunes gens, et surtout, de futurs prêtres ; cela suffisait pour qu'il se donnât tout entier.

Cette sollicitude que l'abbé de Préville témoignait aux enfants appelés à une vie plus parfaite, il la montrait également envers les autres jeunes gens relativement à la question de leur avenir. Pour lui, ce ne fut jamais assez de les recevoir au patronage et de s'occuper seulement de leurs intérêts spirituels ; il s'occupa toujours très vivement de leurs intérêts matériels. Bien avant l'encyclique *Rerum novarum*, il avait compris le devoir social, tel qu'il ressort des enseignements de Léon XIII. Dès le début de son œuvre, nous le voyons faire des démarches actives auprès des patrons chrétiens en faveur de ses chers protégés. Son « Journal de directeur » signale que le premier placement eut lieu, grâce à ses soins, le 1er septembre 1873, c'est-à-dire quelques semaines seulement après l'ouverture de sa maison de la rue Tour-Notre-Dame. Combien de ses jeunes gens lui doivent d'avoir franchi le premier pas toujours si difficile pour trouver une carrière ! Il ne reculait pas devant les plus pénibles démarches afin de leur procurer un emploi honorable et rémunérateur. Et comme toute la ville le connaissait et l'admirait, il était rare que ses demandes ne fussent pas favorablement accueillies. M. de Préville ne s'arrêtait pas là. Il voulait que ses enfants fussent de bons et honnêtes employés ou ouvriers. Aussi s'attachait-il, dans les conversations particulières de Notre-Dame des Apprentis, à détruire un à un leurs préjugés et à faire disparaître chez eux tout sentiment d'opposition contre le patronat ou le capital. Nous retrouvons les échos de ces causeries dans ses notes. Personne, dans sa sphère d'action, n'a autant contribué que lui à arrêter les progrès du socialisme.

Aujourd'hui, il n'est guère d'atelier ou de bureau où ne se trouvent les enfants du Patronage de l'abbé de Préville. Ceux-ci conforment leur conduite aux principes qui leur ont été enseignés. La plupart sont des exemples de travail, de loyauté et de fidélité. D'aucuns même sont arrivés à d'honorables situations. La réputation du patronage est si bien établie que beaucoup de chefs d'établissement qui occupent un certain nombre d'employés s'adressent de préférence à Notre-Dame des Apprentis. Les traditions qui y sont fidèlement gardées sont considérées par les patrons comme une garantie très précieuse qu'ils ne trouvent pas facilement ailleurs. Il y a là un avantage considérable dont il faut faire remonter l'honneur à l'œuvre de M. de Préville.

C'est en leur témoignant cet intérêt de tous les instants que le directeur de Notre-Dame des Apprentis parvenait à maintenir le plus grand nombre de ses enfants dans le droit chemin jusqu'à l'époque du mariage.

A partir de ce moment, M. de Préville les rendait à leur paroisse. « Depuis dix ans, écrivait-il en 1888, j'ai, pour ma part, versé dans les différents quartiers de la ville une dizaine de ménages qui, tous, fréquentent leur église paroissiale, autant que les autres bonnes familles du voisinage. » Le temps a marché ; vingt autres années sont venues s'ajouter à la vie du patronage, pendant lesquelles de nouveaux foyers se sont créés, au sein desquels règne le même esprit chrétien et où sont en honneur les mêmes pratiques religieuses.

Chaque mois, M. de Préville célébrait la messe dans la chapelle de l'œuvre, pour les anciens membres mariés. Ceux-ci faisaient tout leur possible pour y assister et y recevoir assez souvent la sainte communion. La petite instruction qui leur était adressée en cette circonstance contribuait à les garder dans leurs chrétiennes dispositions. Autant M. de Préville tenait à ce que tous ses enfants suivissent fidèlement les exercices religieux du patronage, avant le mariage, autant il travaillait à en faire de sérieux et dévoués paroissiens, après leur établissement dans le monde. Personne ne regrettait, plus que lui, de voir la plupart des anciens élèves des collèges catholiques abandonner aujourd'hui l'église de la paroisse, dans les villes, et se contenter, dans les campagnes, d'une messe basse, entendue le matin de chaque dimanche.

Il faisait comprendre à ses enfants qu'ils seraient répréhensibles de suivre ces regrettables coutumes, car le culte social est dû au Créateur aussi bien que l'adoration individuelle.

Ce que M. de Préville demandait, il l'a obtenu. Ses « anciens » sont généralement restés attachés à leurs devoirs de chrétiens. Ils continuent à édifier les paroisses par leur attitude et leur constante fidélité. Assurément, il ne faut rien exagérer. La perfection n'est pas de cette terre. Ici, comme ailleurs, il y a eu des défections. M. de Préville les connaissait et les regrettait ; mais on ne peut nier qu'après avoir travaillé à faire des jeunes gens sérieux, nul ne s'est efforcé, plus que lui, de mener à bonne fin le travail commencé, en en faisant des pères de famille à la hauteur de leurs devoirs et des chrétiens capables de répandre le bon exemple dans les diverses paroisses où ils se trouvaient jetés par la Providence.

Telle était la méthode vraiment efficace par laquelle l'abbé de Préville arrivait à donner l'esprit paroissial aux jeunes gens qui s'établissaient dans le monde.

CHAPITRE XVI

Toutes les œuvres de M. de Préville étaient en pleine prospérité, lorsqu'au commencement de l'année 1894, une affection cardiaque dont vingt ans auparavant il avait contracté le germe à Notre-Dame des Apprentis, l'obligea, malgré lui, à prendre du repos. En déployant une activité aussi prodigieuse et en se dépensant sans compter, avait-il le pressentiment de sa fin prématurée ? En tout cas, la pensée de la mort était loin de l'effrayer. Pendant sa retraite de trente jours, en 1885, il écrivait ces mots caractéristiques :

« Je crois que Notre-Seigneur m'a fait la grâce de me tenir dans la disposition de recevoir tout ce qu'il voudra m'envoyer. La santé, j'en ai déjà fait le sacrifice il y a sept ou huit ans ; je crois être tout prêt à le recommencer et j'en demande la grâce au divin Maître. »

Depuis plusieurs années, sa vénérable mère était en proie à d'indicibles douleurs physiques. Il lui adressait de temps en temps des lettres touchantes où l'on sentait à la fois le saint prêtre, le fils très affectueux, et l'ami de la souffrance chrétienne. Elles portaient la consolation à celle qui les recevait et préparait sans doute à la séparation finale celui qui les écrivait :

« Ma bonne mère, tu me dis que tu aurais voulu t'entretenir avec moi de la mort. Si c'est pour te préparer, c'est une bonne pensée. Il ne faut pas t'en effrayer, c'est le moment où le bon Dieu nous réunit à lui dans le ciel, et nous récompense de tout ce que nous avons fait pour lui. C'est alors, aussi, que l'on regrette de n'avoir pas mieux profité de son temps d'épreuve sur la terre, pour se sanctifier. Voilà pourquoi il faut demander à la Sainte Vierge, après-demain, jour de son Immaculée Conception, qu'elle nous obtienne une complète résignation à nos peines et à nos souffrances. Si tu la lui demandes souvent, la Sainte Vierge Marie finira bien par t'obtenir cette grâce ; mais ne te décourage pas à l'avance... Ainsi, c'est convenu ; quand tu penseras à la mort, tu te diras : Il faut que je supporte cet ennui, ces souffrances si pénibles, pour me préparer à bien mourir. »

Un autre jour, M. de Préville écrivait encore à la chère malade :

« Bonne mère, comment peux-tu m'accuser de t'oublier? Il me semble qu'il n'y a pas plus de dix ou douze jours que je t'ai écrit... Je prie toujours pour toi, et je suis convaincu que si tu arrives à supporter vaille que vaille tes souffrances si pénibles et si crucifiantes, c'est une grande grâce du bon Maître.

« Je ne m'étonne pas que tu sentes de temps en temps une plainte te monter au cœur. Mais il ne ne faut pas croire que tu offenses le bon Dieu parce que tu trouves l'épreuve lourde et la souffrance amère. On n'est coupable que quand on refuse au bon Dieu le droit de nous envoyer la souffrance pour nous sanctifier.

« Quand le bon Dieu permet que tu souffres beaucoup, essaie de te tourner vers le crucifix et de comparer tes souffrances à celles de la Passion ; douleurs extérieures : elles sont plus cuisantes que n'importe quelle douleur humaine ; douleurs intérieures : abandon des apôtres, reniement de saint Pierre, indifférence des pécheurs. Si tu peux t'arrêter à ces quelques pensées, tu en éprouveras un bien sensible et véritable. Souffre pour mes novices ; ils sont en retraite en ce moment, et quelques-uns ont à faire au bon Dieu de vrais sacrifices... »

A la fin de mars 1893, unissant dans une même pensée les souffrances maternelles et la rapidité avec laquelle sa propre vie se précipitait, M. de Préville écrivait :

« Ma bonne Mère, je recommande toujours à tes souffrances les retraites des jeunes gens que nous devons faire le mois prochain.

« C'est demain, si je ne me trompe, que j'aurai quarante-huit ans. Il me semble que le temps passe bien vite. Je me vois encore écolier, étudiant à Paris, séminariste, et il faut cependant compter quarante-huit ans ! Je demande pardon au bon Dieu de l'avoir si mal servi pendant tout ce temps, et je le supplie de m'aider à faire moins de mal pendant cette année qui va recommencer pour moi. »

Ne croirait-on pas entendre le langage des saints? Mais ne fallait-il pas qu'elle fût sainte, elle aussi, la mère qui pouvait recevoir des exhortations semblables à celles que nous voulons transcrire ici?

Angers, 12 janvier 1894.

J. M. J. V.

« Ma bonne Mère,

« Je t'avais écrit que je pensais pouvoir aller t'embrasser vers le 15 janvier ; je suis obligé de te demander encore un répit de 15 à 20 jours ; car je suis, depuis ce matin, à Angers, où je fais la visite canonique. Je pars de là à Saint-Etienne ; je pense être de retour à Paris vers la fin du mois et, de là, j'espère pouvoir aller te souhaiter la bonne année. Elle sera bonne, cette année, si tu sais souffrir courageusement tout ce qui se présentera.

« Je dis « souffrir » puisqu'il semble que Notre-Seigneur veuille que tu te sanctifies en souffrant. « Courageusement » ne veut pas dire que tu ne sentiras pas de temps en temps, au dedans de toi-même, quelques pensées de découragement et de désespoir, mais « courageusement » veut dire que tu lutteras contre ces mauvais mouvements et que, dans ton cœur, tu les offriras au bon Dieu pour les expiations de tous ceux que tu as aimés et qui sont morts avant toi.

« C'est une manière très efficace de les aider que de souffrir pour eux. Cela te permet aussi d'espérer que tu ne demeureras pas longtemps dans le Purgatoire, mais que Notre-Seigneur te recevra de suite dans le ciel, quand tu auras cessé de souffrir sur la terre.

« Courage donc, ma bonne mère, regarde souvent le crucifix et essaie de repasser les unes après les autres, les souffrances de notre divin Sauveur durant sa Passion. Quel martyre ! quelles souffrances atroces et intolérables ! Pourquoi souffre-t-il ainsi? Pour nous encourager à souffrir avec Lui et pour Lui.

« Je prie bien pour toi. Quelques jours de patience et j'irai vous voir tous au Mont-Lambert. »

Hélas ! Dieu devait en décider autrement. Presque immédiatement après son retour à Paris, M. de Préville sentit que sa maladie prenait un caractère alarmant. Les docteurs lui permirent cependant d'aller à Boulogne, pour y voir sa pauvre mère, mais à condition qu'il n'y ferait qu'un court séjour, et qu'il partirait bientôt pour Angers, dont le climat lui serait plus favorable que celui du littoral. On était au mois de mars 1894.

Quelques jours après, M. de Préville arriva à Notre-Dame des Apprentis. Or, son mal prit soudain une gravité nouvelle et dans des proportions si crucifiantes, qu'il lui fut impossible d'aller embrasser sa mère, la consoler comme il savait si bien le faire (et, pourtant, il se sentait à deux pas d'elle) et de quitter Boulogne dont la température lui était funeste.

Le dessein de Dieu est visible. Il veut que M. de Préville achève dans le sacrifice de son cœur et dans l'immolation de lui-même cette fondation dont il a jeté les bases vingt-deux ans auparavant. C'est ainsi que le Seigneur couronne les œuvres qu'il bénit et auxquelles il veut faire produire des fruits abondants.

En effet, l'illusion n'était plus possible ; M. de Préville était frappé à mort et il le savait mieux que personne. En quelques jours ses forces diminuèrent tellement qu'il ne pouvait plus monter à l'autel sans être soutenu par un confrère. Quelle douleur pour lui quand, le lundi de la Pentecôte, il lui fut tout à fait impossible de célébrer la sainte messe !

De tous côtés, à Boulogne, à Paris, dans les différentes œuvres de la Congrégation, on organisa d'ardentes prières pour la conservation d'une existence si précieuse. On mit en cause le saint abbé Planchat, le glorieux martyr de la rue Haxo, dans l'espoir d'obtenir, par son intercession, un miracle qui aurait en même temps servi et hâté sa canonisation.

L'amélioration tant désirée n'eut pas lieu. Au contraire, la maladie fit des progrès si effrayants que bientôt le R. P. Général vint de Paris pour consoler son bien-aimé Frère et lui donner les derniers sacrements.

Cette émouvante cérémonie, à laquelle nous avons

déjà fait allusion, se passa, le mercredi, 25 avril, jour de la retraite du mois, en présence de plusieurs prêtres de Boulogne et des environs. La Providence divine a parfois, à l'égard des saints, de bien touchantes attentions. N'en était-ce pas une que la coïncidence de la retraite mensuelle et les derniers sacrements administrés au prêtre zélé qui avait eu la première idée de ces réunions sacerdotales? Avec quel religieux attendrissement, les retraitants écoutèrent les derniers conseils du vénéré malade qui leur demanda de rester fidèles jusqu'à leur mort à ces pieux exercices !

Malgré les ravages de la maladie, M. de Préville conservait toute la lucidité de son intelligence et l'énergie complète de sa volonté. L'heure était venue pour lui d'accepter ces coups douloureux de la souffrance qu'il avait si bien appris aux autres à supporter. Et, non seulement, il les acceptait avec résignation, mais il les offrait à Dieu pour la conversion des âmes. Il réalisait ainsi le beau programme que depuis plusieurs années il traçait à sa bonne mère.

A mesure qu'il approchait du terme fatal, ses souffrances devenaient plus aiguës. Un de ses frères en religion eut le bonheur de passer avec lui l'après-midi du 11 mai. M. de Préville ne vivait déjà plus qu'avec Dieu. De sa voix défaillante, il prononça quelques paroles entrecoupées qui nous ont été conservées !

« Mon Dieu, je vous offre mes souffrances pour tous nos enfants... le salut des âmes... notre sanctification à tous... Pour nos parents, notre bonne famille religieuse... pour les directeurs qui ne voient pas clair... pour ceux qui sont trop durs pour eux-mêmes. »

Puis, baisant son crucifix :

« Mon doux Jésus, merci, pour me soulager, m'encourager, me fortifier... oh ! que je vous aime encore davantage !... prenez ma faiblesse, mon bon Jésus... Et je disais aux autres qu'ils ne pouvaient rien souffrir !... quel orgueil !... Un Frère de Saint-Vincent-de-Paul qui ne sait pas souffrir !... qu'est-ce que c'est, ô mon Dieu..., il y en a tant qui n'y pensent jamais, jamais, jamais.... »

Sa pensée se reporte alors sur ses enfants :

« O mes anciens enfants, pour lesquels j'ai tant fait... où en sont-ils avec le bon Dieu?... Oh ! je ne leur ai pas assez appris à l'aimer... Ont-ils fait leurs Pâques?... Je vais demander au bon Dieu qu'ils comprennent qu'il n'y a de salut pour eux que dans la prière.

« Je vous demande pardon, à mon Dieu, de

toutes ces communions tièdes qui se font... ô Seigneur, j'ai trop tardé à les réparer... pardon de ce que j'ai dit, mal dit, médiocrement dit... J'ai encore quelques jours, quelques heures au moins pour réparer... messes dites... combien avec froideur... et le jugement à passer... Hélas ! hélas ! hélas !... Et mon ministère, l'apostolat en particulier, à quoi s'est-il borné... à peu, peu, peu de chose... »

Quelques heures plus tard, le malade, fixant toujours son crucifix, offrit à Dieu le sacrifice de sa vie :

« Dans peu de jours, ô mon Jésus, vous tournerez ma vie d'un côté ou d'un autre... La vie... si vous voulez... la mort... comme vous voudrez... »

Un instant après, il parla de sa mère :

« Si je meurs, vous direz à ma mère que j'ai bien pensé à elle pendant ma maladie... que je compatis bien à ses longues souffrances... que je comprends mieux maintenant... Dites-lui aussi, si je meurs, que j'ai beaucoup prié pour elle, pour que nous nous retrouvions bien vite dans le Paradis (1)... »

Aussitôt que la gravité de l'état de M. de Préville fut connue dans la ville de Boulogne, ses

---

(1) Mme de Préville ne tarda pas à rejoindre son cher fils : elle mourut un mois après lui, jour pour jour.

anciens enfants s'empressèrent de se rendre à Notre-Dame des Apprentis, et demandèrent à voir leur Père bien-aimé. Pas un ne manqua. Il en vint de tous les quartiers. Ceux-là même qui s'étaient égarés dans des voies malheureuses accoururent comme les autres. M. de Préville les reçut tous, les uns après les autres, par petits groupes. On ne peut imaginer rien de plus touchant que ces dernières entrevues et cette dernière bénédiction. Pour tous, le vénéré mourant eut un mot particulier, un sage conseil, un paternel reproche, une tendre félicitation. Les larmes coulaient de tous les yeux, et les paroles de l'apôtre mourant se gravaient dans les cœurs, comme les suprêmes volontés d'un père qui laisse un testament à ses enfants.

Beaucoup firent la sainte communion en faveur du cher malade. Dieu se servit même de ces circonstances douloureuses pour ramener à la pénitence et au pardon plusieurs brebis égarées.

Un des derniers jours de sa vie, en voyant autour de lui un certain nombre d'anciens restés fidèles aux pratiques religieuses, M. de Préville leur dit :

« Formez donc entre vous un petit comité qui affermira vos premiers liens de camaraderie et qui perpétuera le souvenir des bons conseils que vous avez reçus au patronage... » Puis, recevant quelques minutes après les écoliers fréquentant l'œuvre : « Mes petits, leur dit-il, si Boulogne est conservé, c'est grâce aux patronages : eh bien ! soyez de bons enfants de Boulogne... Gardez l'esprit des anciens. »

Un autre jour, deux jeunes gens d'entre les meilleurs étant venus le revoir, voici ce qu'il leur dit : « Si vous êtes dans la peine, priez-moi... non pas comme un saint, mais comme quelqu'un qui est dans le ciel, près de Dieu. »

Malgré ces sentiments de douce confiance, M. de Préville avait des moments de frayeur à l'approche de la mort. Faut-il s'en étonner? Toutes les vies des saints sont remplies de cette crainte finale. Le démon met en œuvre ses dernières ressources pour faire tomber les âmes dans le découragement. Dieu lui-même veut sans doute donner à ses prédestinés cette suprême ressemblance avec l'agonisant de Gethsémani qui a ressenti vivement ces angoisses.

Dans l'un de ces moments si pénibles, M. de Préville s'adressant au dévoué directeur du patronage lui disait :

« Venez ici... plus près... que je ne sois pas seul... »

D'autres fois, appelant la religieuse qui le soignait :

« Vite, priez, priez », et la Sœur disait tout haut : « O Marie, conçue sans péché, priez pour nous qui avons recours à vous. — Notre-Dame de la Salette, réconciliatrice des pécheurs, priez pour nous. » Ces prières le rassuraient. Le R. Père Général, qui connaissait sa confiance en Marie et l'extrême délicatesse de sa conscience, avait écrit en grosses lettres ces invocations, de manière que M. de Préville pouvait les apercevoir et les dire du fond du cœur, aussi souvent qu'il le désirait.

Durant quelques jours, sa vie fut un vrai martyre ; il l'endura « pour sa famille, pour les soldats, pour les jeunes gens de Paris, pour les patronages, pour les filles de fabrique si perverties. » Et il ajoutait :

« O mon Dieu, faites-moi souffrir encore durant des années ; il faut des souffreurs, il n'y en a pas assez. »

Enfin, le 19 mai, le Seigneur jugea que son serviteur avait suffisamment souffert et le rappela à lui pour le récompenser. C'était un samedi, jour consacré par la piété chrétienne à la Vierge Marie, qu'il avait tant aimée ; c'était en même temps la fête de saint Yves, l'avocat des pauvres, dont M. de

Préville s'était toujours montré lui-même le protecteur et l'ami.

Ses funérailles (1) furent célébrées à l'église
Notre-Dame, au milieu d'une assistance innom-
brable, composée en majeure partie d'enfants des
écoles, de jeunes gens des patronages et de pauvres. M. l'Archiprêtre de Boulogne prononça l'éloge
du saint prêtre en des termes si touchants que nous
demandons la permission de les reproduire.

« Mes frères, je ne puis me résigner à laisser
enlever cette chère dépouille sans dire un dernier
adieu, sans rendre un humble hommage au saint
prêtre que nous pleurons.

« M. de Préville est mort religieux de la Congrégation des Frères de Saint-Vincent-de-Paul ; mais
si, dans cette famille où il est entré, par suite de
son zèle et sous l'impulsion de son dévouement
pour les âmes, il a trouvé le repos de son cœur, il est
resté nôtre, cependant ; et si ses frères sentent vivement la grande perte qu'ils font aujourd'hui, nos
cœurs ne sont pas moins tristes devant la perte que
nous faisons nous-mêmes.

« Mes frères, la parole de l'Ecriture qui semble
le mieux rappeler M. de Préville, c'est ce mot de

(1) Le 22 mai.

saint Paul, dans sa deuxième Epître aux Corinthiens : « *Libentissime impendam et superimpendar ipse pro animabus vestris.* » Je donnerai tout, je m'épuiserai même, s'il le faut, pour le salut des âmes.

« C'est toute la vie de M. de Préville, depuis le jour où nous l'avons vu, ici même, célébrer les prémices de son sacerdoce, jusqu'à celui où nous pleurons sur ses restes mortels. De tout cœur, il a travaillé au salut des âmes. Nos écoles, nos patronages, nos institutions religieuses sont là pour témoigner qu'il a réalisé cette devise. Plusieurs paroisses de Boulogne n'auraient pas le bienfait inappréciable d'écoles catholiques si l'abbé de Préville n'avait contribué à leur fondation avec une libéralité qui n'a rien de comparable. Tous nos patronages viennent de lui. Quant à nos maisons religieuses il ne m'appartient pas de révéler ce que le cher défunt a fait pour elles ; mais à l'époque de la fondation si laborieuse du Petit Séminaire, je puis bien dire que nulle main ne s'est tendue vers nous, plus généreuse que la sienne. Sa charité était sans limites. Si ses frères parlaient, ils pourraient vous dire que partout où il a passé, il a fait ce qu'il avait fait à Boulogne. Il sacrifiait tout pour les âmes, de grand cœur, avec la bonté inépuisable que nous lui avons connue. Tout pour les enfants et les jeunes gens afin de les maintenir et de les instruire ; tout pour les pauvres afin de les moraliser et de les secourir ; et si vous me demandez où est la fortune qu'il avait reçue de ses nobles aïeux, je vous dirai : regardez les pauvres, regardez les jeunes gens, c'est à eux qu'il a donné ses vertus, sa fortune, son dévouement, sa vie.

« Mes frères, donner tout, c'est beaucoup ; c'est plus encore de se donner soi-même. Or cette donation de lui-même, M. de Préville l'a faite sans réserve.

« Du jour où, sorti de la maison de Mgr Haffreingue, qui a fourni tant de saints prêtres et tant de laïques dévoués, M. de Préville résolut de quitter un monde qui lui promettait pourtant un brillant avenir, à cause de ses talents et de ses vertus ; de ce jour, il ne s'appartient plus. Deux amours se partagent son cœur : l'amour des jeunes gens et celui des pauvres. De là le puissant attrait de son âme, pour la Congrégation de Saint-Vincent-de-Paul dont le but est de veiller sur la jeunesse, et de se dévouer aux pauvres, afin de les conduire à Celui qui, seul, peut rendre supportables les misères de la pauvreté. M. de Préville travaille sans relâche à ces deux œuvres. Cet homme de Dieu ne connaît pas le repos : il devine le bien à faire et s'y porte avec ardeur. Son âme vaillante ne sait pas ce que c'est que l'obstacle ; et toujours Dieu bénit ses efforts.

« Outre qu'il s'occupait de ces œuvres extérieures, rappelez-vous encore que la confiance et l'estime de ses supérieurs lui avaient donné une large part d'autorité dans le gouvernement de la Congrégation. De plus, mille œuvres diverses s'étaient greffées sur celles dont je vous parlais tout à l'heure, de sorte que nous pouvons difficilement avoir une juste idée du bien que M. de Préville a fait en si peu d'années. Car hélas ! mes frères, aujourd'hui, nous ne devons pas nous faire illusion : ce saint prêtre n'est plus. Il nous a quittés pour aller avec le bon Dieu. Il est revenu mourir au milieu des siens ; et, durant sa maladie, malgré ses souffrances, malgré tout, il a accompli sa mission, consolant les uns, encourageant les autres, disant à tous le mot qui va au cœur ; jusqu'à la fin il s'est épuisé au service des âmes : *libentissime impendam et superimpendar ipse pro animabus.*

« Mes frères, nous n'oublierons pas ce saint prêtre ; nous garderons précieusement son souvenir, le souvenir de ce confrère parfait, de cet ami fidèle.

« Nous, prêtres, nous garderons son souvenir en

priant pour lui, en essayant de marcher sur ses traces ; vous, mes frères, qui m'écoutez, vous vous souviendrez de lui pour soutenir ses œuvres.

« Vous, surtout, les anciens du patronage de Notre-Dame, n'oubliez pas que si vous avez été la première conquête de son zèle, vous avez toujours été l'objet de ses préférences. Gardez son cœur comme un trésor, souvenez-vous de ses inspirations et de ses conseils.

« Puisse ce faible hommage rendu à la mémoire de M. de Préville, être une consolation pour sa mère vénérée, pour son frère, pour tous les siens ! Non, nous ne l'oublierons jamais, ce prêtre dévoué ; ses conseils et ses exemples resteront gravés dans nos cœurs. Promettons-lui tous (rien ne saurait lui être plus agréable) de servir et d'aimer Dieu, comme lui-même l'a aimé et servi, afin qu'un jour nous partagions avec lui la récompense du ciel. »

La triste cérémonie terminée, les restes mortels du vénéré défunt furent dirigés sur Chaville, où se trouvait, avant la dispersion des ordres religieux, la sépulture de la Congrégation des Frères de Saint-Vincent-de-Paul.

Mais les enfants du patronage de Notre-Dame des Apprentis voulurent garder le cœur de leur bien-aimé Fondateur et Père en Jésus-Christ. Grâce à une souscription qui les honore, ils ont pu placer, dans la chapelle de l'œuvre, un marbre blanc d'une grande beauté, au milieu duquel reposera désormais ce cœur d'apôtre.

Au bas du monument, on lit l'épitaphe suivante :

ICI A ÉTÉ DÉPOSÉ,

PAR CEUX DONT IL FUT LE PÈRE,

LE CŒUR DE MAXIMILIEN RAOUL DE ROUSSEL

DE PRÉVILLE,

PRÊTRE, ASSISTANT DU SUPÉRIEUR GÉNÉRAL

DES FRÈRES DE SAINT-VINCENT-DE-PAUL,

FONDATEUR DE CETTE MAISON,

VOUÉE A NOTRE-DAME DES APPRENTIS.

(1845-1894)

La charité nous l'avait donné,
L'obéissance nous l'a pris,
La mort nous l'a rendu.

Procedent qui bona fecerunt in resurrectionem vitæ.
Joan., V.

Puissent les nombreux enfants de M. de Préville ne jamais oublier les conseils sortis de ce cœur si affectueux et si zélé. C'est pour eux surtout qu'il a vécu, qu'il a souffert et qu'il est mort.

CHAPITRE XVII

Nous avons mené jusqu'à la fin le récit de cette vie si pleine, entièrement consacrée à Dieu et aux âmes.

Peut-être plusieurs se demanderont-ils comment un seul homme a pu fonder et diriger tant de choses en si peu de temps ; et à la vue de cette magnifique floraison d'œuvres, sorties de son action sacerdotale, quelques-uns se diront sans doute qu'il est impossible de marcher sur ses traces.

Assurément, l'abbé de Préville a beaucoup travaillé et Dieu a béni son travail immense ; mais sans prétendre l'égaler, on peut l'imiter de loin et se réchauffer au contact de son âme apostolique.

Aussi bien, M. de Préville nous paraît avoir été de la race des saints, et, après avoir mis en garde contre le découragement ceux de ses disciples qui pourraient s'effrayer d'une vertu si grande, nous voudrions, pour terminer notre tâche, indiquer au lecteur ce qui nous semble avoir été le ressort principal de cette existence d'apôtre, à savoir : un amour passionné des âmes.

Soit qu'il parlât, soit qu'il écrivît, M. de Préville ne perdait jamais de vue le salut des âmes. Il était d'une obligeance extrême, il recevait beaucoup de monde, il écrivait de nombreuses lettres ; mais dans toutes ses relations, sa réponse était courte, pleine de sages conseils qui tendaient toujours au bien. Il ne savait dire ni écrire de banalités; et pour lui, tout était banal qui ne portait pas à aimer Dieu davantage.

Mais aussi, si M. de Préville était l'homme des âmes, celles-ci résistaient difficilement à son influence. En peu de temps, il prenait sur elles une action profonde et définitive.

« Je puis dire, écrit l'un de ses pénitents, que j'allais toujours en direction chez M. de Préville avec l'appréhension qu'il me demanderait des choses pénibles, mais en même temps, avec la certitude que je céderais quand même. »

Au mot « impossible » il répondait : « essayez » et ce conseil était donné avec une telle conviction qu'il avait immédiatement le caractère d'un ordre irrésistible.

Sa parole privée, comme sa parole publique, était

de la plus grande simplicité, mais elle était particulièrement pénétrante. Elle poussait l'adversaire jusque dans ses derniers retranchements ; puis, lorsqu'il était vaincu, elle venait promptement à son secours, se hâtant de le relever et de le rendre meilleur.

Prendre contact avec une âme, c'était pour M. de Préville, l'aimer profondément, se dévouer à elle, la soutenir coûte que coûte, se sacrifier à son service. Habituellement, cette âme savait comprendre et se montrait reconnaissante, en s'ouvrant toute grande et pour toujours, ainsi que nous le disions plus haut.

Est-il possible d'exercer cet empire sur les âmes, sans mettre à leur service une abnégation constante et pratiquée à un degré éminent? M. de Préville se faisait littéralement l'esclave de ses charges et de son devoir. « Je me rappellerai toujours, dit l'un de ses frères en religion, les amers reproches qu'il s'adressa à propos d'un certain voyage à Marseille, qu'il fit cependant d'une façon vertigineuse. C'était la première fois qu'il s'éloignait ainsi, depuis la fondation de Notre-Dame des Apprentis.

Pendant son absence forcée, l'un de ses enfants se compromit assez gravement à l'extérieur. A son retour, M. de Préville fut désolé : « Quel voyage

inutile ! répétait-il sans cesse, j'aurais bien pu traiter cette affaire par lettre... J'aurais bien dû prévoir ce qui est arrivé ! etc... » Nous avons vu qu'il
en fut semblablement durant toute sa vie religieuse.

Les relations de famille elles-mêmes ne trouvaient pas grâce devant cet absolu dévouement
aux âmes. Quand ses parents étaient dans la peine,
M. de Préville apparaissait et consolait ; mais au
cours de la vie ordinaire, il montrait un détache-
ment héroïque. Bien des fois, se trouvant à Notre-
Dame des Apprentis, il aurait pu consacrer quelques heures à la vie de famille ; il ne faisait que
passer au Mont-Lambert et revenait, au plus vite,
continuer son travail, au patronage.

Un trait entre mille, pour appuyer ce que nous
disons. Un jour (c'était plusieurs années après
l'ouverture de Notre-Dame des Apprentis), M. de
Préville donnait, à quelques jeunes gens de son œuvre, une retraite fermée, au château d'Huplandre,
situé sur le territoire de Saint-Martin. Son frère,
le sachant à deux pas de sa demeure, vint en toute
hâte lui annoncer la naissance de son premier fils,
désiré depuis si longtemps, et le pria de s'absenter
un instant pour venir le baptiser... « Il y a des
prêtres à la paroisse, répondit M. de Préville. Je

ne puis pas quitter en ce moment. » Et il ne vint bénir son neveu qu'après la clôture de la retraite.

Cet amour des âmes, auquel M. de Préville subordonnait sa vie, s'étendait premièrement aux enfants, aux jeunes gens, aux prêtres et aux pauvres.

A l'endroit des petits enfants, il avait la sollicitude même de Notre-Seigneur. Sans vouloir nous répéter, nous rappellerons ce qu'il fit pour eux au moyen des patronages, des écoles et de la retraite mensuelle des écoliers.

Quand il traversait les rues de Boulogne, on le voyait souvent se détourner et aller donner une cordiale poignée de main à quelqu'un de ces enfants du peuple. Il prenait à la lettre ces mots du Maître : « Tout ce que vous ferez à l'un de ces petits, c'est à moi-même que vous le ferez. » L'une de ses plus douces joies était de prêcher des retraites de première communion, ou de prêter son concours pour les débuts d'un patronage.

Que de petits enfants il a portés à Dieu, après les avoir remis dans la bonne voie ! Ainsi, faisait-il aimer le prêtre, en semant l'amour de Notre-Seigneur.

Que dirons-nous de l'affection de M. de Préville pour les jeunes gens? Là se trouve le secret de l'influence profonde que, durant toute sa vie, il exerça sur eux. Affection singulièrement intelligente qui poussait au bien, non seulement par la force qu'elle apportait, mais surtout par l'initiative personnelle qu'elle provoquait à chaque instant.

Avec son admirable bon sens et sa grande expérience des jeunes gens, M. de Préville avait compris un vice radical dont est entachée l'éducation que donnent à leurs enfants beaucoup de mères de famille, parfois sincèrement chrétiennes. Elles s'imaginent souvent parvenir, à force de clairvoyance naturelle et d'habileté purement humaine, à les préserver des entraînements de la jeunesse. Dès lors, en enlevant toute initiative à leur enfant, elles en viennent à supprimer le sentiment de la responsabilité. Elles brisent la volonté au lieu de la former et de la diriger. Elles élèvent des êtres sans conscience et sans ressort qui sont incapables d'affronter les luttes de la vie.

A ces mères de famille, trop confiantes en elles-mêmes, M. de Préville, par sa propre manière d'agir, montrait qu'aimer un jeune homme n'est pas premièrement le retenir près de soi par des moyens humains, mais lui apprendre à prier, l'entourer d'amis fidèles et sûrs, l'éclairer sur les difficultés sans nombre de l'existence et donner à son cœur l'aliment choisi dont il a besoin.

M. de Préville aimait de cette façon. Ceux qui l'ont connu de près l'ont, sans doute, plusieurs fois entendu exposer cette grande et surnaturelle manière d'aimer, qui était bien la sienne, et qui donne à la jeunesse une force capable de lutter contre les plus terribles assauts. C'est pourquoi il attachait une importance capitale à la « direction » des jeunes gens qui fréquentent les œuvres. C'était dans ces entretiens particuliers, qui ne sont ni la confession ni de simples causeries, qu'il prenait pied sur eux, en leur témoignant cette féconde affection dont nous venons de parler.

« En effet, écrivait M. H. Le Camus, dans un article remarquable (1), il n'y a pas à sortir de là ; pour former l'enfant et en faire un homme, il faut, ou se contenter de la formation générale qui se donne à la masse par le moyen de la parole publique, ou suivre chaque jeune homme en particulier et le diriger dans les détails de la vie. Poser ainsi la question, c'est presque l'avoir résolue ; car qui peut douter que les âmes, avec des aptitudes souvent diverses, des passions variant à l'infini,

(1) *Bulletin de l'Union*, mars 1897.

des difficultés qui ne sont pas les mêmes pour tous et que chacun éprouve à des moments différents, n'aient besoin de conseils qui leur soient appropriés ?

« L'abbé de Préville appelait souvent ses jeunes gens dans son bureau et leur donnait les avis qui leur étaient les plus pratiques. Le 8 mars 1893, il écrivait à un jeune homme : « Rien ne vous facilitera davantage cette vie pieuse que de continuer à vous ouvrir à M. D... sur vos difficultés et vos ennuis; il vous aidera à les surmonter. Il faut aussi lui faire part de vos bons désirs et des efforts que vous voudriez tenter. Il réglera tout cela de manière à éviter les imprudences et les exagérations, qui sont presque toujours suivies de quelque découragement. »

« Outre les directions que l'on pourrait appeler ex-professo, que de conseils un habile directeur donne en tout lieu et sans en avoir l'air : « Pour vos grands, écrivait M. de Préville à un jeune prêtre, j'aimerais à vous voir rapprocher d'eux, essayer de leur parler et détruire par vos causeries toujours aimables, les préjugés qu'ils pourraient avoir sur un point ou sur un autre. » C'est ainsi que, mêlant à propos les deux manières de faire, un judicieux directeur tantôt cause avec un jeune homme en tête à tête, tantôt rectifie sa manière de voir dans des conversations où d'autres sont mêlés. Que de fois M. de Préville séparait habituellement de ses camarades, au moment où un jeu venait à tomber, celui avec lequel il avait à s'entretenir. Il commençait par une conversation banale, et insensiblement arrivait au sujet plus grave qu'il avait à traiter. Que de directions il faisait dans la cour, dans le coin d'une salle, dans l'embrasure d'une fenêtre, pendant une promenade avec un jeune homme, qui semblait être resté seul et s'être séparé de ses camarades par hasard, mais... hasard habilement préparé.

« Plusieurs diront : Ces pratiques sont plus admirables qu'imitables. — Erreur. Ces pratiques sont simples pour quiconque sait aimer. Aimez vos jeunes gens, aimez-les beaucoup, et les moyens de leur faire du bien se présenteront en foule à votre esprit et à votre cœur. C'est le cas de dire avec saint Augustin : *Ama et fac quod vis.*

« L'abbé de Préville traitait ses jeunes gens avec une telle affection que chacun se croyait le Benjamin de la famille du patronage. Plusieurs conservent encore aujourd'hui l'illusion d'avoir été son enfant privilégié. Ils étaient tous traités avec une bonté particulière ! Plus d'une fois il franchit les 254 kilomètres qui séparent Paris de Boulogne pour calmer un esprit inquiet ou remettre en place un cœur troublé.

« Par dessus tout, il mettait ses pénitents à l'aise ; il était facile de tout lui dire, il savait si bien faire comprendre que rien ne l'étonnerait. « Merci, mon cher Maurice, écrit-il, de votre confiance toujours croissante ; vous me connaissez mal de croire que je vais rire ou même sourire de quelque confidence que vous me ferez. Je pourrai quelquefois n'être pas de votre avis, mais en rire, non, parce que je sais trop combien on blesse profondément par un sourire une âme qui cherche une lumière, un conseil. »

« Un autre jour, il écrivait à un de ses pénitents qui s'excusait de l'ennuyer encore du récit sans cesse renouvelé de ses misères et de ses peines : « Il n'y a pas de pardon à me demander, au contraire, il faudrait me demander un pardon, que je n'accorderais peut-être pas, si ayant de la peine vous ne m'en faisiez pas part et si vous gardiez, ainsi, tout pour vous. Soyez donc bien convaincu que vos peines et vos ennuis sont partagés, et que nous prions Notre-Seigneur de vous donner le courage de supporter tout cela. »

« Souvent un directeur inexpérimenté et ma-

ladroit commence par dire à celui qui se présente :
« Qu'avez-vous à me dire ? Sur quel point voulez-
vous que nous fassions la direction aujourd'hui ? »
Cela suffit pour fermer la bouche à celui qui se sent
ainsi interpellé, il craint de trop s'avancer, se
méfie, hésite. L'abbé de Préville prenait lui-même
la parole, engageait la conversation, parlait d'une
chose, d'une autre, la conversation prenait le tour
d'un laisser-aller affectueux, et lorsqu'il abordait
quelque point important, le difficile se disait aisé-
ment au milieu de mille autres choses.

« Il est relativement facile de conduire vers le
bien le pénitent qui parle à cœur ouvert, un défaut
reconnu et avoué est plus qu'à moitié corrigé :
« Montrez-vous tel que vous êtes, écrivait encore
M. de Préville, et peu à peu on réformera ce qui
ne sera pas absolument correct. »

« Pour exciter à cet abandon confiant, il parlait à cœur ouvert, n'hésitait pas à dire ce qu'il faisait lui-même, aussi écrit-il à un de ses jeunes gens
momentanément absent : « Je vais ce soir annoncer la retraite des jours gras. Elle sera prêchée par
le R. P. Berthe, des Rédemptoristes, pour changer
un peu et pour voir cet homme si compétent se
débrouiller au milieu de cette jeunesse et me dire
ensuite ce qu'il pense de tout ce mouvement, et

savoir de lui s'il trouve quelque chose à améliorer, quelque rouage à polir ou à vernir. »

« Cet abandon réciproque dans les conversations explique la facilité avec laquelle on s'ouvrait à lui. « Orphelin de bonne heure, écrivait un de ses anciens enfants, privé des petites attentions maternelles, j'aimais beaucoup M. de Préville, qui ne manquait pas, chaque fois que j'allais lui rendre visite, de me donner toutes sortes de marques d'affection. »

« Si M. de Préville tenait tant à ce que l'on ouvrît son cœur tout grand, c'est qu'il savait par expérience combien cette pratique est efficace pour résister à la tentation, aussi répétait-il souvent : « Le démon s'en va lorsque l'on ouvre son cœur, et rien que le désir de l'ouvrir le chasse. Si, au moment où vous arrivez à la porte de votre directeur, le démon s'est enfui, entrez quand même et si votre directeur est absent, ne manquez pas de revenir. » En effet, quiconque s'est occupé de la direction des âmes sait combien le démon, qui cherche toujours à pêcher en eau trouble, hait ces aveux.

« L'habileté de M. de Préville provenait surtout de l'attention qu'il mettait à tout observer. Un mot échappé à un jeune homme lui faisait deviner ses préoccupations. Au ton de la voix, il soupçonnait l'orgueil qui cherchait à attirer l'attention. A l'air distrait, il entrevoyait les troubles d'une âme qui avait perdu la paix intérieure. En voyant jouer les enfants, il analysait leur caractère, et, rapprochant les observations qui chaque jour se complétaient, il se rendait compte du tempérament de l'enfant, du jeune homme, et souvent parvenait à le connaître mieux qu'il ne se connaissait lui-même.

« Il savait choisir le moment de faire une observation, de donner un conseil. Lorsqu'un enfant est irrité, à quoi bon le raisonner, il n'écoutera rien. Chercher à convaincre un esprit au moment où la passion l'aveugle, ce n'est pas seulement perdre son temps, mais encore son crédit et s'exposer à ne plus être écouté une autre fois. Il faut savoir attendre le moment où le jeune homme est bien disposé; au besoin dilater son cœur en lui donnant quelque témoignage d'affection et profiter du moment favorable pour donner un conseil, qui alors sera suivi. « Etre franc, être simple, disait M. de Préville, ce n'est pas être maladroit. »

« Il cherchait aussi à connaître pour chaque âme la corde sensible ; c'est ainsi qu'à la suite d'une retraite, il demande à un jeune homme de lui livrer la clef de son cœur : « Vous sortez de retraite, par conséquent vous devez être transformé. Je pense que vous l'avez faite de votre mieux et que vous avez bien profité des bonnes instructions qui vous y ont été faites. Je serai heureux de connaître, autant que vous me le permettrez, le travail qui s'est fait dans votre cœur pendant cette retraite. Quel a été l'ensemble de vos pensées? Quelle est, de toutes les pensées graves et sérieuses, celle que vous adopteriez volontiers comme le pivot de votre vie ? — Est-ce la bonté de Dieu? — Est-ce sa justice? — La crainte de ses jugements? — La frayeur causée par la vue de vos misères passées? — Cherchez vous-même et dites-moi quelle est celle de ces pensées ou toute autre qui vous a préoccupé pendant les exercices. Vous le voyez, je vais savoir ainsi le moyen de vous remonter si l'occasion s'en présente ; s'il arrive que vous vous laissiez entamer, j'aurai chance avec cette clef et l'affection que vous avez pour moi de vous faire quelque bien. »

« Il est bien clair, pour qui a l'expérience des âmes, que chacun a un point de vue qui le touche davantage, un sentiment par lequel il se laisse plus facilement attendrir. Connaître ainsi le côté sensible de chaque âme est une grande force, mais il faut, pour comprendre ces délicatesses, avoir pour les âmes toutes les tendresses d'une mère et participer en quelque sorte aux affections du Cœur sacré qui a dit : « Lors même qu'une mère oublierait son enfant, moi je ne vous oublierai jamais. »

« L'abbé de Préville se servait de tout ce qui pouvait lui faire mieux connaître ses jeunes gens. A plusieurs, il faisait tenir de petits cahiers de dépenses. Sans doute, il était heureux de les guider dans l'emploi de leur petit pécule ; il y avait cependant pour lui un motif plus pressant d'entrer dans ce détail. Dans notre monde des grandes villes, on a constamment son porte-monnaie à la main, et un livre de compte fait vite connaître les allées et venues de celui qui le tient. S'il entre chez le marchand de vin ou le marchand de tabac, le livre de compte en porte la trace ; une course un peu prolongée est accusée par les 0 fr. 15 d'un omnibus ; une affection qui prend naissance est inscrite sous forme d'un souvenir acheté. Ce petit cahier, qui à première vue semble si inoffensif, devenait un témoin terrible et permettait à l'abbé de Préville d'être au courant de bien des détails, de prévenir bien des fautes.

« Souvent, au lieu de donner directement un avis contre lequel on aurait élevé une foule d'objections, il demandait avec la plus grande simplicité à son pénitent ce qu'il pensait de telle ou telle chose, comment on pourrait se tirer d'affaire dans telle circonstance ; il écoutait avec attention l'avis que l'on était fier d'émettre, puis, le plus simplement du monde, faisait quelques objections, modifiait plus ou moins complètement l'avis émis, donnait le sien, et, sans paraître insister, terminait en invitant à réfléchir sur la question et au besoin à lui en reparler. Il savait qu'il en avait dit assez et que son pénitent, peut-être même en croyant suivre sa propre inspiration, exécuterait d'abord l'avis qu'il avait reçu. Cette manière de faire ressort assez clairement du témoignage d'un de ses anciens pénitents : « Au début de la direction, on remarquait toujours une grande patience, ses questions bien adressées facilitaient l'ouverture complète. Il semblait au premier abord partager votre manière de voir, puis, sans commander, mais sous forme de conseil, il disait : « Croyez-vous qu'en agissant de telle sorte, vous n'auriez pas de meilleurs résultats? »

« Un jour, l'abbé de Préville disait à l'un de ses pénitents, qui n'avait pas la réputation d'être facile à conduire : « Vous commencez toujours par dire non, mais en fin de compte, vous finissez par faire ce que l'on veut. » Qui donc aurait pu résister à sa douceur, à sa bonté ? On résiste à celui qui commande avec autorité, on subit l'ascendant de celui qui mêle à la douceur une tendre affection.

« D'autres fois, au lieu de donner lui-même un conseil, il envoyait consulter. « Un tel s'est trouvé dans le même embarras que vous, il a éprouvé telle difficulté, voyez-le, il vous dira ce qu'il a fait, vous profiterez de son expérience. » Il savait bien l'avis qui serait donné, et il était rare que, grâce à cet auxiliaire, il ne parvînt pas à faire accepter un avis qui n'eût peut-être pas été bien reçu s'il avait été seul à le donner. Il n'était même pas rare de le voir demander une coopération plus complète. Il donnait à un jeune homme la mission de décider son camarade à faire telle ou telle bonne œuvre, à éviter telle ou telle occasion de faute, dont il avait été le témoin. Un esprit malin appelait cette manière de faire : la direction par procureur. Toujours est-il que ce moyen réussissait dans bien des cas, et ne faisait pas moins de bien au convertisseur qu'au converti. Ce procédé constitue dans certains cas une force nouvelle. L'œuvre de la sanctification des âmes est vraiment pleine de tant de difficultés que l'on ne saurait être trop riche en moyens de réussir. »

M. de Préville aimait aussi avec prédilection les

âmes sacerdotales. Ne voyait-il pas qu'en travaillant sur ces âmes, il faisait plus que travailler sur des unités?

D'autre part, les prêtres nombreux qui le prenaient pour directeur comprenaient bien vite que tout ce qu'il leur demandait, il le pratiquait avant de le prêcher aux autres. Son exemple achevait de les entraîner aux plus nobles efforts de zèle et d'apostolat.

Mais, avant de désirer que le prêtre fût un homme d'action, M. de Préville voulait en faire un homme de Dieu, par la prière et par la sanctification personnelle. De ce principe est sortie la belle œuvre des retraites sacerdotales dont il fut question précédemment.

Notre saint directeur groupa ainsi autour de lui une élite de prêtres dévoués qui vivent encore de son souvenir et qui s'inspirent toujours de son exemple.

Enfin, les privilégiés de M. de Préville furent les privilégiés mêmes du cœur de Jésus, c'est-à-dire les pauvres et les déshérités de la vie. « Quel bonheur, disait-il au cours de sa grande retraite, d'appartenir à une congrégation qui n'a comme occupation constante que le soin des pauvres ! Nous n'avons pas d'autre but. Dans son ensemble, la condition des Frères de Saint-Vincent-de-Paul accorde peu à la nature : une vie cachée, pauvre, laborieuse, voilà la part de chaque jour. Mais cette vie de désintéressement absolu tentera les âmes généreuses. Ce qui n'est proposé à d'autres que comme un exercice de perfection est pour nous un devoir. Ceci ressort bien clairement de l'épitaphe de notre Père Le Prévost.

« *Vir fidelis servus et prudens, quem constituit Dominus super nascentem familiam, ut daret illi spiritum paupertatis et humilitatis et viscera misericordiæ erga pauperes.* »

« Faites-moi bien comprendre, Seigneur, la beauté de notre vocation. Faites-la moi comprendre assez pour pouvoir l'expliquer et la faire entendre aux novices qui me sont confiés. Que cet amour des pauvres devienne le besoin de mon âme et de ma vie... »

Lorsqu'en 1886 mourut M. Myonnet, l'un des fondateurs des Frères de Saint-Vincent-de-Paul et l'un des plus ardents amis des pauvres au XIXᵉ siècle, on dut célébrer son service funèbre à l'église paroissiale de Saint-Lambert de Vaugirard, à cause de la foule qui désirait accompagner sa dépouille mortelle. Deux cents pauvres environ, ouvriers sans travail, miséreux en loques, faisaient partie du cortège. M. de Préville ne voulut pas suivre de près le char funèbre, comme les autres membres de sa congrégation. Il alla prendre place au milieu de ces hommes en haillons. Sur le parcours, tous se demandaient quel était ce prêtre entouré de mendiants. C'était l'homme portant un grand nom, ayant joui des avantages de la fortune, et qui, par amour pour Jésus-Christ, se rangeait parmi les derniers de ses pauvres.

Enfants, jeunes gens, prêtres et pauvres de Jésus-Christ, oui, tels furent bien les préférés de l'abbé de Préville. Il leur a tout sacrifié : son bien-être, son temps, sa fortune, son intelligence, son cœur, sa vie. Derrière la fragile et pauvre enveloppe des corps, il voyait les âmes qu'il désirait sauver. Et si l'on voulait chercher un mot qui résumât cette belle existence, on n'en trouverait pas de plus juste que le cri d'amour poussé par le Souverain Prêtre sur le Calvaire : « *Sitio !* J'ai soif des âmes ! »

Nous avons terminé notre modeste travail. Avons-nous réussi à montrer, dans celui qui en est l'objet, le vrai prêtre, l'apôtre jaloux du salut des pécheurs, le saint conseiller de ses frères dans le sacerdoce, l'ami des pauvres et des ouvriers ? C'est notre seul désir.

M. de Préville n'avait qu'à se manifester aux âmes, pour se faire aimer, en faisant aimer Dieu. Et si, dans cette imparfaite esquisse, nous avons pu lui rendre quelques traits de sa physionomie, nous sommes assuré qu'il continuera son œuvre d'apôtre, même après sa mort.

TABLE DES MATIÈRES

CHAPITRE IX

CHAPITRE X

CHAPITRE XI

CHAPITRE XII

CHAPITRE XIII

CHAPITRE XIV

CHAPITRE XV

CHAPITRE XVI

CHAPITRE XVII

Lyon. — Imprimerie Emmanuel VITTE, rue de la Quarantaine, 18.